知心爱人

女性篇

TO WOMEN

婚姻是可以设计的

郭锐 编著

中国社会出版社

国家一级出版社★全国百佳图书出版单位

图书在版编目（CIP）数据

婚姻是可以设计的·女性篇／郭锐编著．—北京：
中国社会出版社，2013.11
ISBN 978-7-5087-4563-3

Ⅰ.①婚… Ⅱ.①郭… Ⅲ.①女性—婚姻—通俗读物
Ⅳ.①C913.13-49

中国版本图书馆 CIP 数据核字（2013）第 237052 号

书　　名： 婚姻是可以设计的（女性篇）
编　　著： 郭　锐
责任编辑： 魏光洁
助理编辑： 武瑾瑾

出版发行： 中国社会出版社　**邮政编码：** 100032
通联方法： 北京市西城区二龙路甲 33 号新龙大厦
电　话：编辑部：(010)66061723　(010)66026807
邮购部：(010)66081078
销售部：(010)66080300　(010)66085300
(010)66083600
传　真：(010)66051713　(010)66080880
网　　址： www.shcbs.com.cn
经　　销： 各地新华书店

印刷装订： 北京华创印务有限公司
开　　本： 145mm×210mm　1/32
印　　张： 10
字　　数： 220 千字
版　　次： 2013 年 11 月第 1 版
印　　次： 2013 年 11 月第 1 次印刷
定　　价： 26.00 元

目 录

第四部分　女人相信爱情，但爱情相信你吗

第五部分　一千句“我爱你”，比不过一句“我娶你”

第七部分　你要爱的不只是他，还有他的家人

第八部分　婚姻不是爱情的坟墓，而是幸福的新起点

前言
FOREWORD

人生面临着许多选择，而爱情、婚姻和家庭，则是女人一生不可或缺的重大选择。因为爱，也因为笃信对方能带给自己幸福，于是两个毫无关系的人相识、相知、相爱，伴着对未来美好生活的向往，牵着心中完美的他走进了婚姻的殿堂。

女人是感性的，感情在女人的世界里占据了重要的位置。对女人而言，人生不能没有爱情。可是，无数过来人的经历告诉我们，爱情是人生中的头号难题，是最大的快乐源泉，也是最大的痛苦源泉。那么，怎样遇见专属于自己的优秀男人，把握自己的爱情，让它成为人生快乐的源泉呢？

当我们寻到自己的另一半，并为爱情这首歌谱好了曲子，那么接着婚姻便是将这首动听的曲子一直演奏下去，直到年华老去，直到死亡降临。但是，无数的事实又告诉我们，婚姻不是爱情的最终归宿，幸福的婚姻才是真正的目的。女人们，又该怎样使自己拥有幸福美满的婚姻呢？

结婚后，二人世界终将成为三人世界，甚至多人世界。爱情这首曲子，也由最初的二重奏变成了多重奏，于是调子便不免显得有一点儿杂乱。面对他、彼此的家人、共同的孩子，还有自己，女人又该怎样定位好自己的角色，在这错综复杂的关系中，处理得当，让自己拥有更多的幸福？

《婚姻是设计出来的（女性篇）》便能为你解决这些困惑。本书将告诉每一位女性朋友怎么找、怎么选、怎么爱、怎么嫁，以及怎么过，从理念到技巧，从婚前到婚后，从恋爱到家庭，全过程讲解女人的幸福之道。这是一本女人的智慧书、幸福书和魔法书。它会使单身的女孩找到自己的他、恋爱的女人走进婚姻殿堂、结婚的女人拥有和睦家庭，并且帮助围城外的女人了解婚姻，围城内的女人经营婚姻。

茫茫人海中，遇见他，原来也可以人为的设计；嫁给他，当然要把过程好好设计一番；结婚后，让自己和家庭更幸福，其实也有方法可循。如此，我们便能从一开始就设计出我们的爱情、爱人、婚姻和家庭，使自己在人生路上一直幸福到底。

世界上，没有一个女人生下来就懂得好男人的标准、懂得如何爱他并使他更爱你、懂得如何巧妙地把爱情推进婚姻殿堂、懂得如何打造完美丈夫、懂得如何拥有幸福家庭、懂得如何使自己打心底幸福。本书，将“选好男人之道”、“恋爱之道”、“婚姻保养之道”、“家庭和睦之道”，一一为你道来。

具体来说，本书包括以下八个方面的内容：

第一部分　选择什么样的男人，就有什么样的人生

第二部分　爱情需要经营，婚姻可以设计

第三部分　发掘优质男，到有鱼的地方钓鱼

第四部分　女人相信爱情，但爱情相信你吗

第五部分　一千句“我爱你”，比不过一句“我娶你”

第六部分　问世间情为何物，不过是“一物降一物”

第七部分　你爱的不只是他，还有他的家人

第八部分　婚姻不是爱情的坟墓，而是幸福的新起点

婚姻需要我们用智慧去设计和规划，女士们，婚姻不是爱情的终点站，而是幸福的里程碑，婚后仍然要注入自己的爱和智慧。掌握一个个恋爱和婚姻的秘诀，用心经营爱情，呵护婚姻，便能够使婚姻成为幸福的新起点。

在本书的策划编辑过程中，得到很多人的帮助，责任编辑武瑾瑾小姐提供了很多有创意的想法，焦帅伟、于健、王云、彭露珠及腾旭东等为协助本书的编著付出了辛勤的劳动，尤其是焦帅伟为本书的内容做出了重要贡献，在此一并致谢。

本书与《婚姻是设计出来的（男性篇）》共为一套，已有自己的另一半的女士，如果您感觉本书有可读性，您可以推荐给自己的他读一读《婚姻是设计出来的（男性篇）》，毕竟正如书里所说，爱需要的是相互的付出。如果你们共同翻阅，想必也是极好的。

女士们，最后请坚信：幸福美满的婚姻是可以通过自己的努力与智慧，用心设计出来的！

第一部分

选择什么样的男人,就有什么样的人生

选对好男人，女人幸福一生

这几年，大家经常问的一个问题就是：什么样的女人才幸福？

女人一定要有钱才幸福吗？当然不是！对女人来说，LV永远比不过LOVE重要。女人一定要有事业才幸福吗？当然不是！就算最风光的办公室“女王”，也期待着一段甜美的爱情。

几乎所有女人的幸福，都是和婚姻有关的。一个小小的家，深爱自己的老公，可以买些想要的东西，并不用多富庶，只要温暖即可。有一天会有自己的孩子，婴儿的哭声充满屋子，显得更加拥挤而充实。

许多男人都有错误的观点，觉得让女人幸福，就要给她多么好的生活条件。其实不是这样，对女人来说，爱人和家庭，永远是比物质重要的，再拜金的女人，心里也有牢不可破的爱情梦。

所以女人幸福的根源，就是爱情，就是婚姻，就是家庭。

但是，是不是有了爱情，就可以拥有一切，就可以延续一生的幸福呢？

有个女孩，她遇到了自己认为好的“他”，然后不可避免地爱上了对方。

这种爱当然是超越金钱和物质，超越了阶层的，纯粹是两个人炽烈的爱情。然后，女孩儿会为他做出一点牺牲，或者牺牲事业，或者和家人闹矛盾，或者去别的城市，总而言之，是做出了很多的改变，女孩儿觉得自己为了爱情，总是值得的。

他们当然是结婚了，婚后很长一段时间都是幸福的。接着女孩儿发现，他不像从前那样关心自己了，冬天不会来捂脚，雨天下班不来接她了，甚至连回家的拥抱亲吻都变得可有可无了。

后来，他经常晚回家，或者一回家就抱着电脑上网，再也不理会妻子的情绪了。女孩儿感觉到曾经浓浓的爱在一点点削弱，虽然不至于没有，可这种淡去更令人绝望。

各种家庭的琐事，他的家人们也陆续烦人起来，会对女孩儿有各种的要求，各种的压力。当初对女孩儿牺牲而产生的感激，已经荡然无存。

女孩儿希望老公可以帮助自己，可以维护自己的尊严，最差的结果也可以搬出去独立住。但当初的他却完全不敢承担责任，他只会一味地逃避，更加沉迷于网络，任由老婆和母亲吵架斗嘴。

女孩儿感觉老公靠不住，她很伤心，却没有别的办法，所以最后选择了生孩子。

生完孩子之后，婚姻生活就好了吗？当然没有。公婆因为对孩子的照顾，不断和女孩儿吵架，而老公的爱完全地转移到孩子身上，对妻子更加不理会。

这个女孩子经历了一段很常见的婚姻关系，当初她因为相爱而嫁给了他，但随后的生活给了她一个教训：女孩子并不幸福，而不幸福的原因是什么呢？

因为她选错了男人。

许多女人觉得，结婚嘛，只要自己足够爱对方就可以幸福了。事实当然不是这样。

因为婚姻不是一个人，而是两个人的，许多结过婚的女人都发现，两个人组成的家庭，自己不管做什么改变都很简单，可是要靠男人来维持家庭，要男人爱情如一，要他担负起责任，却是很难的。

几乎所有的女人都知道，让男人改变他自己，难于上青天。那如何才能给自己幸福的生活呢？怎样的爱情、婚姻和家庭才会幸福呢？

一切的根源，就在于怎么选男人。

所以，怎么选择一个完美的男人，才是未来幸福生活的钥匙！只有男人选对了，才能两人同心协力地相爱下去，而男人选错了，一切都是“空中楼阁”，什么美好都会崩塌。

但在很多女孩子看来，婚姻就是一场冒险。虽然你爱一个男人，最后和他结婚，但这个人是不是真的如你所料，可以爱你一辈子呢？这个男人能不能带给你稳定美满的生活？这个男人会不会出轨？这个男人十年后会是个好男人吗？

这么多问题，如果要在结婚前，甚至是热恋中探究出来，对女孩子来说，无疑是个非常难的事情。但如果放任不管，盲婚哑嫁，那么婚姻就真的成了一个开大开小的赌博了，有的人会赢，还有的人会输。

所以，姐妹们，请将这本书继续读下去，开启你的幸福婚姻设计之路。我们会帮你擦亮双眼，找到属于你的好男人！

有人说，女人的一生，前半辈子属于自己，后半辈子属于丈夫和孩子，女人只有选对了男人，才有真正的幸福可言。

天生好男人，就是这模样

婚姻是一般人的普通问题，合适做丈夫的男人，绝非前无古人、后无来者的异数。我们不单单是一个人，更是一种类型，就像喜欢吃饺子的人，多半也热爱包子和馅饼。玫瑰花和百合种在一处，彼此都花朵繁茂，枝叶青翠。但甘蓝和芹菜相克，彼此势不两立；丁香和水仙花，更是水火不相容；郁金香会置勿忘草于死地……如果你是玫瑰，只要清醒地、坚定地寻找到百合种属中的一朵，你就基本上获得了幸福。

当然了，某一类人的绝对数目虽然不少，但地球很大，人又都在走来走去，我们能否在特定的时辰，遇到特定的适宜伴侣，也并不是太乐观的事。女人要明白选择丈夫，不仅是给自己选择伴侣，也是给自己寻找一个适合自己居住和生活的家庭。

女人选择男人，应该是选择能跟自己生活一辈子的人，而不是选择金钱、地位和权势，更不能在这些面前迷失了自己。诸如有些男人看起来潇洒、很帅气、很有才华，但他不一定就是个好丈夫。女人如果把自己放在附属的地位，而不是平等的地位，那就是自己跟自己过不去。

女人知道只有嫁给一个好男人才能有幸福。那么，什么样的男人才算好男人？经过很多女人的切身体会，结果发现

82%的女人心目中的好男人不外乎以下几个方面：

(1) 成熟可靠

在人类社会中，女人长期处于被动地位，服从并依赖男人。因此生活是否稳定，是否会被抛弃，这取决于男人是否可靠。现代女性在无意识中继承了女性这一特有的共同意识，把可靠的男人作为生活的第一保障。

(2) 事业心强

有事业心的男人一般都非常理智，他相信逻辑、理性和计划可以解决任何问题。他对生活处之泰然，把时间和精力安排得井然有序，也勇于承担责任和义务。

(3) 有责任心

自古以来，男人肩负着保护女人的使命，这种社会责任意识在男人的血液中一直流淌着。他们在日常生活中尊重女性和体谅女性，在危急关头挺身而出，保护女性。因此，责任心强成为女性心目中挑选男人的美好品质，而自私懦弱的男人是受到女人鄙视的，没有社会责任感的男人更是得不到女人青睐的。

(4) 性格独立

性格独立对男人来讲是很关键的，精神上的独立尤其重要。一个男人如果能在适当的场合正确自信地表达出自己的主张和意见，即便这个意见是错误的，女人也会对他留下好印象。

(5) 公平温和

男人若能够不因为容貌而公平地对待周围的女性，就会令人有好感。女人对因容貌受到的不同待遇非常敏感，女人一旦知道被宠爱的理由是因为容貌胜于她人，是绝对不会高兴的。男人与各种不同的女人交谈，就可以发现其实每个女性都有超乎其容貌的魅力。

（6）机灵变通

不把自己固守在某一个形象中，总是能适应新的环境、发挥出自己的魅力，这样的男人是非常受欢迎的。无论在什么情况下都很固执、不喜欢改变自己的男人，会被女人认为是保守和狭隘的人。

（7）考虑周全

与考虑周全的男人在一起，女人会感到很放心。这一类型的男人会把每件事都安排妥当，和他们在一起女人会很轻松。他们对生活有坚定的信念，他们懂得妥协与退让，懂得信赖与尊重，这样的男人极具魅力。

（8）坚决果断

再天真的女人也不会认为犹豫不决的男人值得信赖，当男人自己都拿不定主意时，不论他多为女人着想，女人也无法视其为可托付未来的对象。遇到事情有勇气、有信心地做出决断的男人，会令女性产生一种可依赖的安全感。

女人懂得选择合适的男人，更要懂得“设计”自己的爱情，只有精于“设计”，爱情的鲜花才会常开不谢，才会结出“婚姻”的果实。

慧眼识珠，一眼选中 “生活优质男”

作为女人，只要想一想，你选择一个男人做丈夫，要和他在一起生活大半辈子，就不得不小心了。而为了获得几十年的幸福生活，用尽办法去选择一位好丈夫，也不为过吧。那么，究竟选择一个什么样的丈夫才能幸福呢？

李·艾柯卡（Lee Iacocca），被称为美国汽车大王，曾担任过福特汽车公司的总裁。由于“功高盖主”，他被妒火中烧的大老板亨利·福特开除了。当了八年的总经理，在福特工作已32年，一帆风顺，从来没有在别的地方工作过，突然间失业了，艾柯卡几乎无法承受住这个打击。也就是在这段最艰难的时段，艾柯卡的夫人始终照顾他、关心他、陪伴他，甚至为他放弃了自己的工作，不惜一切支持着他。

艾柯卡夫人的努力没有白费。艾柯卡很快又振作起来，应聘担任克莱斯勒汽车公司的总裁，把这家濒临倒闭的公司从危境中拯救过来，奇迹般地东山再起，使之成为全美第三大汽车公司，他那锲而不舍、转败为胜的奋斗精神使人们为之倾倒。在20世纪80年代以及90年代初，艾柯卡成为美国商业界偶像第一人。

选择男人，不一定要将目光紧紧盯在男人现在有几个钱上，而是要独具慧眼，发现他的发展潜力。不要担心自己看上的男人暂时没有房子、没有车，害怕跟了他往后日子不好过。只要他有目标、有能力，就相信他一定会有未来。一旦哪天他的才能得到充分发挥，事业就会蒸蒸日上，收入也会稳步增长。那时，两人的感情也会更具沉淀感。与这样的男人生活在一起，会让女人更有安全感和成就感。

美国现代著名女作家玛格丽特·米歇尔曾经说过："最难的选择是选择一个老公。"米歇尔的这种感慨，来源于自己一次失败的婚姻。在同酒商厄普肖的婚姻破裂后，她嫁给了记者马什，这让守旧的亚特兰大社交界大吃一惊。更让人惊讶的是，她不从夫姓。马什极有理智，正是在马什的鼓励下，米歇尔开始默默地写作，十年后完成了《飘》。

人们常说女孩有两次生命，第一次生命是父母给的，无法选择；而第二次生命就是婚姻，这次"重生"务必慎重。并不是所有的人都可以像玛格丽特·米歇尔那样在经历过一次失败的婚姻之后重新邂逅自己真正的幸福。更多的时候，婚姻都是以女人一生的幸福来做赌注的，一旦失误，贬值的不仅仅是婚姻，还包括女人的心理、精神和生活，等等。

干得好不如嫁得好，要想嫁得好就要看的好。因为一个好老公是可以看出来的，不过这需要一定的耐性和技巧，盲目地看外貌当然选不到好老公。

男人有时连他们自己都看不清自己，因为懒得去看。而女人则不可以对男人也这样，对你即将托付终身的男人，一定要执著地观察、品读。但是具体到怎样看“男人”却是女人们永远都谈不完的话题。到底是全方位去看，还是以小见大，管中窥豹；是悄悄去看，默默地看，还是大大方方地看；是用普通的心态去看，还是草草去看，粗略去看；等等。不同的方式会产生不同的效果，关键在于如何看懂男人，看懂男人才能选中好男人。

想要看懂男人，不妨站在三个距离去看：

（1）百米之外

站在百米之外看男人，最好还要在他看不到你的情况下，这样你就能够看到生活中最真实的他。比如他走路的姿态，他骑车的样子，遇到沟坎时的步法；如果突然天降小雨，看他是否马上躲避；如果看见小偷，看他是否会视而不见；如果路边有个钱包，看他是否会趁周围无人时偷偷捡起；如果遇见一个老人过马路，看他是否会搀扶老人走过。

通过这些日常琐事，你就能够看到一个男人真实的气质和修养。

（2）十米之外

在男人看不到你的情况下，站在十米之外看着他。看他的吃相、醉态；看他上网时痴迷的样子；看他观察女人的神态；看他遇到困难时的表情；看他读书时的神态。

如果认真观察，细细品味，你就能够看出这个男人的品格和肚量。

（3）一米之外

在一米之外观察男人。可以与他谈论爱情与事业的话题，看他的眼神是否专注；与他同唱一首有关梦想和浪漫的歌曲，看他的笑脸是否真诚；与他携手走在荆棘丛生的山坡，看他划破了双手时，是否还在护着你的身体；与他共渡一条不知深浅的小河，看他是否胆怯、是否牵着你的手。

这几个距离的实际观察法，绝对是发掘好男人的不二法门，通过这些，女人就可以判断这个男人是不是你的优质对象。

女人们一定要练就慧眼识珠的能力，在一开始就寻找到那个最有价值的“生活优质男”。

爱情加面包，才是完美生活

俗话说："贫贱夫妻百事哀"，如果缺少物质的滋润，爱情之花早晚会枯萎。而以适当的物质基础来为我们的爱情保驾护航，为我们的婚姻添砖加瓦，虽然有些世俗，却更让人感觉踏实。

在谈恋爱时，女人的头脑可以全部充满风花雪月，但进入婚姻生活后，请务必留出部分大脑硬盘空间给"面包"，即物质条件。婚姻是以物质作为基础的，没有物质基础，感情就是"空中楼阁"，虽美，却不实用。

爱情与面包是每个人都注定不能逃脱，而且必须面对的两个方面。因为生活在凡尘俗世之中，我们每个人都不可避免地会触碰到爱情，每个人也都要通过吃饭来解决最基本的生存需求。

不过，现实生活中不乏爱情至上的女人，她们笃定地认为只要两个人相爱就好，哪怕他口袋里连十块钱也没有，再苦再累也愿意跟他一起过；还有些女人干脆把物质条件看成非常俗气的事情，认为这是玷污感情。

当然，我们肯定不能一味地追求物质和财富，更不能做"宁愿在宝马车里哭，也不愿在自行车上笑"的拜金女郎，但也不能以为有了好的爱情就拥有了好的婚姻，就此在婚姻生活中放弃物质条件。

你想没想过，在漫长的婚姻生活中，清贫带给你的压力和尴尬，你能承受多久？在生活的压力面前，你所谓的浪漫恋情还会一直激情不退，一直浪漫下去吗？你想没想过，没有根基、没有背景，赤手空拳白手起家的那份艰辛，你要走多少的弯路？你想没想过，他为你许下的诺言，真的能一辈子不变吗？

的确，爱情可以抛离物质，爱得死去活来、天昏地暗、海枯石烂、天荒地老……但是婚姻却没有这么幸运，婚姻是衣食住行、柴米油盐、煎炒烹炸、锅碗瓢盆、吃喝拉撒……无时无刻，面包不在影响着爱情与婚姻的质量。

刘佳自己看好的爱情没有得到父母的认可，因为男朋友晓军是从农村出来的，家庭条件很不好，而且近三十岁的人仍然不知道自己要做什么事，三天两头地换工作。父母哪肯看到女儿嫁给一个穷光蛋后受苦受累，但刘佳坚持只要有爱就是一切，遂不顾父母的反对嫁给了晓军。

婚前借遍了几乎所有亲戚朋友的钱，晓军才买了一套新房，不过只是付了首付，按揭还贷 15 年，每月 2000 元。婚后刘佳夫妻的收入加在一起只有 5000 元，还完贷后只能满足基本的生活需要。面对一系列的实际问题，刘佳不得不学会如何勤俭持家，为了柴米油盐与小商小贩斤斤计较。

这样过了几年后，晓军的父母年纪大了，身体大不如前，由于父母双方都没有养老保险和其他生活来源，身为独子的晓军也要拿出一部分工资贴补家用，刘佳更要勒紧裤腰带过日子了。但眼看着朋友花枝招展、吃香喝辣，自己只能节衣缩食；同事开着奔驰宝马上班，自己则整天挤公交……刘佳觉得很苦恼，承受的心理压力也越来越大，自然免不了抱怨几句。谁知，晓军居然气呼呼地说："你不是不在乎受苦受累，怎么着现在就开始嫌弃我了？若是这样，我劝你干脆去傍一个大款吧！"

刘佳又气又恼地跑回了娘家，哭着对父母说："到现在我也很爱他，他也爱我。但婚姻光有爱情是不够的，爱情不是面包，不能当饭吃。现在活得这么累、这么尴尬，我真后悔当初没有听你们的话。"

俗话说："贫贱夫妻百事哀"，不要面包的婚姻只是童话。要知道，饥肠辘辘、居无定所的爱情，以成熟的眼光来看，并不代表浪漫与伟大，而是对自己和别人的不负责任。毕竟，我们不是生活在电视剧般的婚姻生活之中，我们的婚姻生活既有柴米油盐酱醋茶的日常琐事，又有养育下一代和赡养父母的责任。要面包的婚姻，才是真正的生活。

没有钱我们还能爱多久？那些精于设计婚姻的女人早已经开始认真考虑这个问题。她们对爱情依然满怀憧憬，但已经走过了把爱情当面包来咀嚼的时期，她们坚持"爱情诚可贵，面包价也高，若为婚姻故，二者皆重要"。

在现实派女人的眼里，婚姻和爱情是不能等同的，婚姻需要爱情，更需要面包。既然爱情和婚姻都不能满足现实世界的欲望，那只有让婚姻对爱情说再见了。

的确，"面包"虽然没有像爱情一样，被渲染成一种崇高的境界，但它是生存的必需品，是获得幸福最起码的基本保障和必要前提，甚至在关键时刻能够轻易地改变女人的一生，难怪人们常常说“婚姻是女人的第二次投胎”。

如果缺少物质的滋润，爱情之花早晚会枯萎。爱情可以浪漫，但婚姻不可能不现实。既浪漫又有现实的物质基础做保障，这样的婚姻殿堂才是完美的，才是幸福的。

爱你的人，才是你要嫁的人

如果你已站在婚姻这个人生的十字路口，选一个真正爱自己的男人结婚，这很重要。如果你爱一个不爱你的男人，并准备与他结婚，这是相当危险的。

两情相悦固然美好，但世间事未必能尽如人意，诗情画意的爱情也未必能抵住琐碎生活的侵蚀，当激情不再，剩下的都是些看似无聊的东西了，所谓责任，所谓包容，所谓亲情……

乔叶现在知道她嫁错人了，因为她嫁了一个她爱的男人。虽然男人嘴上也说爱她，可是行动上却一点表示也没有。

乔叶在怀孕9个月时得了急性肠炎，又是吐又是拉。早上乔叶去看病，从医院回家，一点儿东西没吃就上床躺下了。到了中午，这个男人回来了也没说自己做饭，只是问乔叶想吃什么，当乔叶说想吃点稀饭时，他说他不会煮，也不知道放多少水，放多少米。乔叶只好说不想吃了。不多久，他又回来，说他爸要过来吃饭。而这个男人却陪着他爸在聊天。

还有一次，正在一起吃晚饭的男人接到一个打麻将的电话，于是他骑了摩托车就带乔叶往牌场赶，车行驶过长江二桥，唯一的头盔男人戴着。

到了打牌的地方，男人让乔叶自己坐车回家。她不想在夜晚十点一个人回冷冰冰的家，想去走路不到5分钟的娘家。男人不让，他不喜欢她在这种情况下回娘家，告诉她他不打牌，就上去看看，让她在下面等他一会儿。

乔叶总是信任他的，满心欢喜地说，好，我等你。

于是她找了个地方洗头，洗完还没有消息，她一个人在路上晃荡，挨时间。

时间一分分地过了，转眼到了11：30，男人连个电话都没有给她打。乔叶打了男人的手机，原来他以为只过了四五十分钟，根本没注意到已经过了一个半小时。他说，他的朋友不让他走，然后男人又斩钉截铁地跟她说，不要闹了，自己打车回家吧，有什么事，等他回去再说，就挂了电话。

乔叶的脑袋空了，茫然地一步一步往前走。凌晨三点多才回到家，男人在她回家后二十多分钟也回来了。

他嬉皮笑脸地说了一大堆理由，乔叶一句话都不想说。没有诚意的话，解释不了她的疑惑，听多少句又有什么意义！

乔叶无限感慨地说："如果还有下辈子，我一定嫁一个爱我的男人，最起码他会真心地心疼我。以前我以为嫁一个我爱的男人一定很幸福，因为我爱他。可是我却没想过，一个只是嘴上说爱我的男人，心里不一定是真的爱我，从日常的表现就知道了。"

其实，每一个女人身边，都有一个真正爱你的男人，只有这个真正爱你的男人，才会宠你、疼你。一个深爱着你的人会为你而改变。因为爱你，他会收起他的顽固脾气；因为爱你，他会无怨无悔地为你付出。也许你还不曾发现，这个人一直守护在你身边，舍不得让你受一点伤害。这个人，也许不会说许多爱你的话，却会做许多爱你的事。

爱你多一点，他的责任感就重一分，包容心就更广阔，亲情就更厚重。在春花秋月的爱情里，这里可能都是微不足道的部分，爱情已可以包容一切！

但生活中爱情绝不能代替一切！生活需要亲情，亲情的培养是需要时间的，所谓七年之痒，是指一段爱情日渐淡薄，亲情有待培养的阶段。

爱你的男人，亲情的培养要顺利得多。自古有言：痴情女子负心汉。男人有了亲情，责任就更重，羁绊就更深，就更容易把握！

爱你的男人，会无怨无悔地为你付出，以你的喜为喜，以你的悲为悲，为得到你的肯定而高兴，为得到你的亲昵而自豪！

每个女人都希望在自己高兴的时候，有人陪她分享，而不是扫兴；希望在自己失意的时候，有人给她安慰，而不是冷漠；希望在自己害怕的时候，有人给她依靠，而不是无助。如果你身边有这样的人的话，请好好珍惜。

人生的花园，不一定要有满园的玫瑰，才会色彩缤纷，处处飘香。要知道，这个世上并没有什么绝对好或不好的人，爱你的人，才是你要的人。如果你真的要结婚，就请你拽住一个真正爱你的人的手臂。

嫁的不仅是一个男人，更是一种生活

每个年轻的女孩在心中都认为：最终伴我走过一生的那个男人一定是英俊潇洒的，见他第一眼的感觉就像被雷击到了一样强烈，然后冥冥之中有个声音说：就是他了，就是他了……哪怕他口袋里连十块钱都没有，从来不叠被子，也不看报纸，连根面条也煮不熟，这对男人来说当然不是什么大的缺点，可难道以后你想过的就是这样一种生活？

但几乎没有多少女孩会意识到，嫁一个人就是嫁一种生活。她们都认为结婚是因为相爱太深，但婚姻不过是信守了共守此生的承诺，和他一起面对风风雨雨而已。要知道，爱情是"此时此地"，事关现在，但婚姻却是"从此以后"，事关一生。冲动的时候，你说"我们结婚吧"，结果也许你会发现，你嫁给了无数个等待的夜晚，嫁给了只播足球的电视，嫁给了一堆臭袜子和脏盘子。

嫁给一个什么样的人，就是在选择以后过什么样的生活，是穷困还是富有，是整洁还是邋遢，是平淡还是激情，都取决于你的选择；嫁给一个精神富有的人，就是嫁给了一种寻求富足精神生活的状态；嫁给一个老实巴交的人，也就是要过一种平淡无奇的生活。

所以，女孩要嫁的不仅是一个男人，更是一种生活，而要在一起生活的话，适合就比喜欢更重要。不管你们是通过什么样的方式认识并将走进婚姻的殿堂，你可能一直在意的是自己真的爱他吗？他真的爱你吗？但你可能从没想过，你们适不适合一起生活。有的女孩会说："管他呢，我喜欢就行了！"年轻的女孩，现在你已经要成为别人的妻子了，你还要这么倔强、这么固执吗？没错，爱是很重要的，但对于结婚来说，远没"适合"来的更重要。

结婚不是两个人的事，是两个家庭的结合。男女本就是两个星球的人，你能不能适应对方星球的文化、气候和人际关系，简单来说就是生活习惯和婆媳关系？慢慢你就会发现，你之前眼中的他只不过是"冰山一角"，现在他将给你展示出他真实生活的另一面。

当然，勇敢的女孩们会像对待所有的困难一样迎面而上，积极地处理因自己嫁进门而带来的家庭新矛盾，并适应新家庭所连带的社交环境，比如他们的亲戚和朋友，当然还得磨合你们的感情，互相尊重，适当迁就。

也许旧的问题解决了，新的问题又来了，因为嫁给不一样的人绝对会碰到不一样的问题，如果你们在一起不适合的话，那问题就会一直跟踪在你们左右，甚至下半辈子都会这样。就像拼图，你是第 28 块拼图，他是第 43 块拼图，虽然你们能拼在一起，但上面的图案却是不符的。只有第 28 和 29 块在一起，第 43 和 44 块在一起时才是对的。

婚姻是人生大事，如同一次性筷子，不是可以随便退换的。所以，适合是很重要的，嫁给一个不适合的人，生活是不可能完美的。找到自己爱的人容易，但找到适合自己的却很难。一千个人里面可能只有十个是你喜欢的，可这十个人中适合你的可能只有两个，甚至一个都没有！

感情可以培养，但适合不适合却是个未知数。你也许又会问："明明不爱他，为什么还要因为适合而跟他在一起呢？"没错，如果适合你的那个确实不讨你喜欢，那你也没必要做出这么大的牺牲，把下半辈子都押在他身上。这也证明，适合自己又让自己喜欢的人是难找的。如果你是鱼儿那你就要嫁给水，如果你是雄鹰那你就要嫁给蓝天，如果你是小花，就老老实实地嫁给花盆吧！香烟爱上火柴注定会受到伤害。

方芳在大学时已经有了一个男朋友，但她的妈妈又为她介绍了一个大她4岁，已经工作了的男孩做男朋友。妈妈劝女儿：这个男孩子在一家国有大公司工作，收入不菲，刚刚买了房子，家境和工作都很好，没有按揭贷款。

方芳虽然和这个男孩没有什么感情基础，但认为条件好就行，于是思量再三，还是和原来的学生男朋友分了手，选择了妈妈介绍的这个男孩，并且大学刚毕业就匆忙地结了婚。

本来，方芳一直认为自己很幸运，找了一个条件很好的丈夫，但婚后不久，方芳就发现丈夫是一个被父母宠坏了的独生子。他霸道、暴躁，两人之间一旦产生矛盾他从来不肯让着方芳，甚至在一次吵架时对方芳大打出手，把方芳打得鼻青脸肿。而更可悲的是，方芳为了不被别人笑话，宁愿选择继续生活在地狱般的婚姻中。

那如何才能知道哪个才是真正适合自己的人呢？其实这也不难，就像是找一个感情很好的朋友，然后一起生活、互相帮助、互相学习。感觉两个人就像是密友或知己住在自己家里一样，可以天天见面；又像是兄妹一样，生活得很自然，跟家人没什么区别。当你生病的时候他会像小时候母亲照顾你一样地照顾你，当你受挫时他会像父母或导师一样地鼓励你，当你迷失自己时他会像神一样为你指明方向，在事业上他会像参谋一样帮你出谋划策，当困难出现时他会和你成为一体共同面对。

你是个什么样的人就会吸引什么样的人，但有时候并不是找个跟自己相像的才好，如果你是个很容易生气的人，一发起火就没完没了，而且还摔东西，那如果你要嫁的人也同样容易冲动爱摔东西，那你们家的东西两天就摔完了，这样没完没了的吵架能让生活幸福吗？如果你是个性格沉闷比较内向的人，而你要嫁的他也同样低调得很，两个人在一起常常忘了要说什么，感情没有互动，生活就失去了色彩。一起在家吃饭也只能听到筷子跟碗的“当当”声，小偷进来还以为家里没人呢。

所以，如果你比较自负，那就找个谦逊点的；如果你很脆弱，就找个坚强点的。人总是有很多缺陷的，那就要找能弥补自己缺陷的另一半，这样生活才能进步。生活是至关重要的，没有生活，你们去哪里相爱？不要忘了，大家都要在生活中相爱的。爱久了连相爱的人都会感到空虚，甚至失去安全感，而在生活中的爱，才是一种真实的爱。

女人要嫁的不仅仅是个男人，更是一种生活，生活中不仅仅有爱情，还有贫穷、富有、整洁、邋遢、平淡和激情，总之，你选择什么样的婚姻，就会有什么样的生活。

习惯，让你们永远在一起

世界上没有两片完全相同的叶子，更找不到两个完全相同的人。当一个人的生活变成两个人的生活之后，由于原来生活习惯各异，兴趣有别，很可能就会产生这样那样的问题和矛盾，要继续做和美的鸳鸯，就要求夫妻双方在习惯上和兴趣上互相尊重。

婚姻要靠两颗心的吸引，像磁性相反的吸铁石一样，这种磁性，就是彼此之间密不可分的精神和情感纽带。人的思维都是活跃着的，即使是夫妻，谁也不可能把对方硬绑在自己身上。因此，要想使对方心灵深处得到激发并凝固起深沉而稳定的感情，就要学会互相尊重。

小张和一个女孩认识恋爱三个月后，就“闪电”结婚了。两个人的条件都不错，可以说是门当户对，无论是工作、学历、长相与谈吐，两个人都是挺般配的，熟悉的朋友都祝福他们白头偕老。可是，没过半年，就听到消息传来，他们两人在闹离婚，而且是两个人都很自愿的那种，不是哪一方出轨迫不得已。

原来，是两个人的习惯不合导致了离婚。这种习惯，不是饮食，也不是大的生活方式，而是一个小小的洗脚习惯，况且这种习惯是从小就形成的，难以改变。小张一般都还算讲卫生，就是不爱洗脚，上床就睡。因为他来自北方矿区，自小与父母都是这习惯，有时甚至一个月不洗脚。而女孩则来自江南水乡，非常爱干净，每天都强迫男的洗脚。开始还好，结婚三个月后，小张懒得理妻子，想洗就洗，不想洗任凭妻子怎样强迫都无济于事。争执吵闹几个月后，甚至闹到分居，他们生活不下去了，只能分手。

这个例子很有意思，在我们现实生活中，不乏这样的人，有人结婚不是跟人结婚，而是跟习惯结婚。这个习惯包括饮食起居、日常生活方式和行事作风，等等。有的人能接受对方的不同习惯，比如大多数妻子反对吸烟，但老公吸烟她也就慢慢地习惯了；但有的人是一点都接受不了，比如老公打呼噜，造成了妻子神经质，只要同床她就很难睡好，还有上面不洗脚离婚的例子。

无论怎么样，结婚走到一起就是缘分，同时也很不容易。你要和那个人一起生活，还要习惯他的各种习惯，受不了只能折中、放弃，很难说是对是错。不过，和谐的夫妻最重要的一点就是尊重。

尊重的范围很广泛，它还包括生活的情趣、爱好和人格等。当你的伴侣习惯于朝右侧睡的时候，你就不要强迫他朝左侧睡；当你的伴侣习惯于独自看书写字的时候，你就不要强迫他和你说话；当你的伴侣习惯于早晨起床晨练的时候，你就不要强迫他睡觉；当你的伴侣习惯于默默记日记的时候，你不要强迫他看……夫妻关系并不是占有和强迫的关系，他不是你的战利品，想怎么处理就怎么处理。

最好的方式，是在不影响双方的大方向上，只要不是太大的缺点，他爱怎么着就怎么着，要让他生活得自由、轻松和愉快，就是最大的尊重。要改变也是慢慢的、逐步的，像春风潜入夜一样，别渴望他一夜翻身。这样，你的伴侣就会逐渐习惯你的存在，慢慢地适应你对他的关怀和抚爱，让他知道你爱他，他也乐于去为你改变。

在婚前，不仅要看清男人的外在条件和物质条件，还要看清男人的生活习惯，这种生活习惯，决定了你未来的婚姻生活。

懂得性格，一辈子锁住好男人

俗话说："性格决定命运。"与生俱来的性格，无时无刻不在影响和左右着我们。一个人的性格一旦形成是很难改变的，正所谓"江山易改，秉性难移"。

如今，在快节奏的都市生活中，浪漫的恋情正逐渐褪去亮色。现代社会的经济独立和个性张扬，使性格不合成为婚姻解体的第一要素。面对现实的家庭生活，只有适合的性格才能使两人相安无事，创造一种和谐氛围，否则就不得安宁。在工作压力与婚恋危机并存的情况下，更多的单身白领们关心婚后的和谐生活，"性格和脾气"好的对象成为他们择偶的首选条件。

MSN 佳缘交友频道和世纪佳缘交友网一起开展的"中国白领婚姻交友网上调查"显示，在具体的择偶要求方面，21.5%的人选择注重对方长相身材，12.8%的人看重对方的家庭和教育背景，11.6%的人认为学历非常重要，在这一点上女性比男性的要求更严格。10.4%的人重视对方的工作性质和收入，4.6%的人将地域归入重要的考虑范围，39.1%的人认为性格脾气最重要。

一对金婚老人，在经过女方二次起诉后，最终达成离婚协议。一纸调解书，给他们50年的婚姻画上了句号。已经步入金婚阶段，还有什么迈不过去的坎儿呢？

原来，这对金婚老人离婚的种子，在年轻时就埋下了。老太太是一名教师，20世纪60年代，18岁的老太太嫁给了当工人的老汉，老汉时年24岁。在那个年代，这对年轻人按农村习俗举行了婚礼，未领取结婚证。

婚后的生活平平淡淡，老太太为老汉生下了两个儿子。然而随着时间的推移，梅老太觉得与丈夫无法沟通——两人在性格、志趣和文化等方面，存在着无法逾越的鸿沟，她萌生了离婚的念头。

但是，碍于儿子年幼，丈夫对自己也不错，老太太只能把离婚之念长埋心底。

如今，两个儿子长大成人并且均已成家，老太太终于鼓起勇气向法院起诉离婚，不过，后来还是在各方劝说下撤诉。但长年貌合神离的生活已经无法挽回这段婚姻，后来，她再次向法院起诉离婚，而这一次恰恰是他们结婚50周年。

在当初的热恋激情过后，在经过无数的四季变换、欢笑与泪水，两人性格合与不合便慢慢地清晰起来，直到出现婚姻种种不同的结果。那么，夫妻双方的性格究竟是相近好，还是相反好呢？我认为是各有利弊。相似者容易相互理解，但却不容易互补，你急我也急，大家互不相让。而性格相反者却很容易互补，你急我不急，于是避免了矛盾的激化。所以说，婚姻幸福的奥秘，幸福的关键，就是性格相合而不是相斥。

假如我们仔细观察一下自己四周所熟悉的夫妻们，又不难发现：不少性格迥然不同的夫妻，他们相处得很好。相反，有些性格相近或相似的夫妻，关系却不怎么好，甚至经常争吵……这是为什么呢？

事实告诉我们：夫妻相处如何，并不在于性格是否相同、相近或不同，而是在于夫妻之间如何相处。假如性格差异较大的夫妻，都能按以下几点去做，一定会相处得很好，成为恩爱夫妻。

首先，也是最重要的一点，那就是对性格，要有正确的认知，要各自尊重对方的性格。性格是人对事物所表现的经常的、比较稳定的理智和情绪倾向，并无优劣之分，不同于品德。不同性格各有不同的优点或短处，比如，急性子性格多直爽，容易相处，但好发火，发起火来，可能让人忍受不了。相反，慢性子大多态度和蔼，办事讲究质量，但速度较慢。性格外向的人则多活泼开朗，而性格内向的人则稳定、深沉。

其次，各自要扬长避短，异质互补。对双方性格有了正确认知之后，就要主动地容纳对方，而且在家庭生活中应该发扬双方的优点，避开短处。比如，让善于交际的一方主外，做事心细的一方理财。夫妻双方的经历、爱好和脾气不同，可以称为“异质”，异质可以互补。急性子同急性子，慢性子同慢性子，虽然性格一致，但闹起矛盾来，前者可能闹得“山呼海啸”，后者则会闹得没完没了不见晴天。相反，急性子慢性子相配，如能注重互补，往往会刚柔相济，急慢相合，动静适宜，进而相得益彰。

婚姻中还是性格互补好，这是实践的证明。比如吵架的时候，一个急脾气，一个慢脾气，吵不起来。有解释的机会，有利于生活。只要不是有相同的暴脾气，就是好的。

俗话说：“夫妻是冤家，不是冤家不聚头。”一个好的婚姻不会禁锢两个人的个性，两人各自都可以按照自己的意愿去发展，可以坚持自己的生活态度和价值观，然后彼此欣赏，甚至彼此互补。夫妻之间会有很多的交流，甚至会争吵。

毕竟，夫妻二人是从两个截然不同的家庭走过来的，生活在一起，发生争吵、冲突、分歧是必然的，否则个体的差异到哪儿去了？除非是一方压迫另一方，或者是双方都极力克制和压抑自己。而压抑的结果要么是情绪不佳，要么是缺少激情，要么是按部就班，生活刻板而无趣。所以，婚姻很容易出现问题。

真正性格相合的夫妻是可以风雨同舟的，是可以牵手度过种种人生考验的。一个美好的婚姻会让两人时刻甜蜜在心，乐是甜的，苦也是甜的。

小心！打死也不能嫁的十种男人

俗话说："男怕入错行，女怕嫁错郎。"面对芸芸众男，难免有雾里看花、水中望月的时候，一旦看走眼嫁错了人，纵然回头是岸，但难免浪费青春、空耗感情，落得血本无回。与其如此，不如现在就擦亮眼睛来个"沙里淘金"，有言道："好男人是一样的，不好的男人却各有各样的坏。"也许你还不知道哪种男人可以嫁、值得嫁，但以下十种男人却打死都不能嫁。

（1）有恋母情结并且女性化的男人

这类男人在心理上可以说是跟母亲的脐带仍然未断，长大成人后凡事仍喜欢依赖母亲。他们小时候和母亲接触太多或是太缺乏父爱，所以缺乏独立意识，应变能力也很差，做事没有足够的信心，顺利时也能勇往直前，而一旦陷入困境，就立即显出弱点，以致全线崩溃。因为过于恋母，他们的行为与心理都变得女性化，这从他们的外表和喜好上就能看出来，比如，他们喜欢穿质地柔软的羊绒织物，爱窃窃私语，不喜欢运动，爱看电视剧，喜欢吃零食，甚至留长指甲。如果一个男人跷兰花指，你还可以原谅他，他不一定是女人气，有可能是手指太短做某些动作时会不由自主地跷起来。但就是留长指甲的男人绝不可原谅，尤其是某些看上去深沉儒雅的男人，伸出手，小拇指上却留着长长的指甲，让人想起慈禧太后，那就不仅仅是女人气了。如果这样的男人你还铁定要嫁，那只有一种情况：他是工程师，为了方便，经常需要拿这枚长指甲代替螺丝刀使用。

（2）“浪子”型的花心男人

这类男人往往以浪荡无羁、笑傲江湖、伤痕累累或怀才不遇的浪子面貌出现，许多富于幻想的女孩很容易被这种男人诱惑，自作多情地以为自己就是他的救星，可以抚平他的伤口，给他们一个温暖的家，实在不行了就跟他们去流浪。其实，一个真正的浪子是不需要家的，你何必要多此一举嫁给他呢？实在爱他就做他的红颜知己好了，双方都有一份超脱和自由。还有种浪子没别的缺点，就是太多情了，他非常爱你，也没有厌倦你的迹象，但旧情人一个电话就能把他召过去忙前忙后的，有时甚至把你也拖去，让你弄不明白到底谁是他的过去，谁是他的正牌老婆，嫁了这样的男人，你只能郁闷地唱：你的多情要了我的命。

（3）太帅、太油腔滑调的男人

长得太帅的男人不能嫁，这样的男人一般都接触过很多女生，而且多是女生宠着他们的，你要是哪里有做得不对的地方，他总会把你和以前的女生作个对比，光是想想就让人受不了了。跟这样的男人生活，你每天都要担心他会不会受到其他女生的诱惑，要知道女人总是这样担心会很容易变老的。而长得帅又专情的好男人只是在小说或电视里见过，大多数电视剧或小说都写着：本故事纯属虚构，如有雷同，纯属巧合。

还有一种男人油腔滑调、口蜜腹剑，虚伪地轰炸每一个女孩，使人浑身起鸡皮疙瘩不说，关键是太没诚意。可是，许多女孩就喜欢这一套，奉承得都找不着北了，还在一边偷偷地沾沾自喜。跟这种男人恋爱你会发现，在你之前他已有多部罗曼史，即使与你热恋时，他仍然与新朋旧友们不断地纠葛，眉来眼去，他常常自豪并津津乐道于他的罗曼史。“色”是他的鸦片，而他是你的鸦片，这样的男人往往迷人且多情，被他迷住的女人都以为自己会是他“浪漫的爱情故事里唯一不变的永远”，结果最后成了“伤心的妹妹”，后悔自己“爱上一个不回家的人”。

所以，与这种男人平时聊聊天，做个普通朋友，可以，如果把他们的话太当真可就晕头了。

（4）太有钱和太没钱的男人

太有钱的男人和太帅的男人一样让人觉得不安全，现在这个社会有钱就等于有能力、有运气，如果一个男人能力和运气都极佳，就容易拜金，容易在很多方面纵容自己，当然包括选妻，嫁给这种男人一辈子都要提心吊胆。大多数有钱的男人以为有了钱就有了一切，物质上全满足了但精神却十分空虚。跟这种男人在一起，女人会变成傻子，精神也会被抽空，喜欢在其他女人面前炫耀自己的物质条件。两种结果肯定都不是你想要的，所以还是别嫁太有钱的。

而太穷的男人也不能嫁，所谓“人穷志短”、“贫贱夫妻百事哀”，这些话不是没道理的，长时间在贫困中挣扎，付出比别人百倍的努力也没见得翻身，嫁给这样的人，也会活活给累死！所以，除非你爱他到非君不嫁的地步，不然还是多考虑一下好，现如今怀才不遇的少，眼高手低的多，到了一定年龄仍两袖空空，绝不是运气的问题，不是咱不能挨饿，只是有更好的生活可以选择，为什么非要和这样的男人捆到一块喝西北风？如果你说男人一有钱就变坏，那么这个男人在没钱时也不见得就好到哪儿去。

（5）懒得出奇的男人

男人大多数没女人勤快，但如果这个男人除了在工作上肯动手和动脑外，生活中的一切事情都难劳其大驾的话就有些可怕了。当然，这些男人要求也不高：饭不必太好，只要能送到嘴边就成；衣服穿多久他不在乎，只要别让他洗就行；屋子乱得有没有落脚的地方没关系，能推开一人大的空隙倒头便睡都无所谓。别以为他懒你勤快就行了，这种男人婚前往往是母亲帮他处理一切，你做家务做到累死，他也视而不见或习以为常，没有人能这样单方面付出，嫁了懒丈夫，你的家庭注定是一团糟，你的心情也永远不可能有彻底清爽的一天。

更可气的是，这种老公往往是一人吃饱，全家不管，老婆孩子是否还饿着全不放心上。男人懒你就别指望他上进，他不上进你的好命计划就泡汤了，怎么指望他在生活上给你关怀和体贴呢？

（6）过分追求事业的男人

有事业有地位的男人是最受女人青睐的，可是过分地看重事业的男人往往会牺牲个人情感，他们一般会选择那些能够在金钱、权势和能力等方面助他们一臂之力的女人。这种过分地追求事业的男人择偶是有条件的，所以不是真正能够患难与共的伴侣。

如果嫁给这类男人，女人们一开始会觉得自己的生活很稳定。但日子一长，女人们可能会发觉自己的日子怎么越过越贫穷，家务活也是越做越繁重。别人的丈夫，可以天天准时下班回家，帮自己接孩子，帮自己照看老人；别人的丈夫，可以在自己生病的时候，陪着女人上医院，而自己家的男人却正在公司为一个项目绞尽脑汁。人心都是肉长的，再贤惠的女人也会扪心自问：嫁给这类男人，到底要付出多少青春？

太拼命事业和从不愿参加工作的男人都不能嫁，嫁给这两种男人都是活守寡，前者没时间陪伴你，后者太重视自由，不愿意有任何束缚。不愿意参加工作可能就没钱养活你，到时葬送的就不仅仅是青春了。

（7）志大而才疏的男人

这种男人眼睛都长在头顶，自命不凡，好高骛远，追求完美的生活和成功的事业。所以，他们按照社会的期望把自己的生活安排得很满，工作、交友和娱乐活动哪项都不曾放过，并且都想赶在潮流的最前沿。而往往他们缺乏内涵，没有真才实学，因此才会让更多事情来填满时间，给你制造一种成功男士的假象。你如果和他在一起生活，时间一长就会发现他只是一个假好男人，他们除了夸夸其谈、自我炫耀，有点儿成绩就沾沾自喜外，根本没有你需要的稳重气质，使人觉得他虚浮缥缈，缺乏信任感。跟着这种男人一生都不会有什么出息，受苦还被他看不起。

不懂人情世故的男人，如果有原则还值得人敬佩，但不懂通融就只能说是幼稚了。这种男人不懂一点人情世故，却还认为自己特有性格、不庸俗、不随波逐流，所以经常会做些可笑又可叹的事情。对于这样的男人，如果你没信心能把他教成一个圆滑的正常人，那么还是放弃的好，因为跟他在一起会很累，你不仅是个老婆，还充当着一个母亲的角色，而他就是那个不谙世事的“儿子”。

（8）老实过头的男人

他十分稳重，天塌下来照样不紧不慢；他百分老实，恍如柳下惠再世；他过分深沉，大事小事不肯谈论一事，喜怒哀乐均不形于色，这类男人最容易让经过情场大风大浪的优秀女孩阴沟翻船。你会发现你嫁了一个完全不知其深浅的人，他或者是一个天才，或者是一个有难言之隐的“身心缺陷”者；对自己以外的一切麻木不仁、漠不关心，天塌下来都是一脸死相，心不跳只因他没心；至于惜字如金、面无表情，是他缺乏生命热情和灵性，天性孤僻冷漠的表现。与这样的男人过一生，你获得的不是清净和安静，是乏味、心酸和无聊啊！更别谈什么快乐了。虽然父母说嫁人还是找老实的好，但你说个字他都不回你一句，就算是在让着你，但当你和别人吵架，他也是人家说十句他都不回一句的时候，你就知道苦了……

（9）太大男子主义的男人

有点儿大男子主义也没错，男人嘛，总不能太没气概，可有些男人总喜欢大呼小叫，一副“大丈夫何患无妻”的模样。如果他只是表面上这样也就罢了，你的确爱他，就维护一下他的尊严；而如果他骨子缝里都是这样，那做他的老婆可就惨了。你会发现，他根本就是个唯我独尊的男人。这种眼里只有自己的男人是万万不能嫁的，不然你不仅仅是受累，更是受苦，家中大事小事他要做主；一切决定都得朝对他有利的方向去做。你在家中没有尊严、没有权利，只有义务！对他来说你不过是个不花钱的佣人而已。他可能对外人不错，但对自己的恋人或老婆却是另一副嘴脸，归根结底就是大男子主义。

这种男人还固执，他们从来是不会为谁而改变的，那就只好你变，而变得若不好，他还会说“早知你这样，我就不娶你了”。多惨啊！在家里他的话就是法律，你必须无条件地执行，不然就等着挨刀吧，这是最有可能制造家庭暴力的一类人，所以不管任何男人在婚前出手打你，他再怎么痛哭流涕赌咒发誓都不能嫁给他，因为打人这种事，多半都是有一还会有二的。

（10）急于结婚的男人

这种男人往往和你约会几天，甚至几个小时后便会向你求婚，你不禁怀疑自己真有这么大的魅力？不，只是他太急于结婚，他会在恋爱时表现得非常绅士、非常浪漫，替你准备晚餐，并甜蜜地说“我爱你”，什么事都顺着你、惯着你，你想吃一个苹果，他立马给你买两三箱；你去洗澡，他准备五六条毛巾，并细细嘱咐你哪条毛巾擦哪里。可一旦你真的嫁了他，就会发现他所做的一切都只是表面上的，结婚以后什么浪漫体贴全都没了，他会完全改变，开始挑剔你这不对，那不好，喜怒无常，并从不承认自己有错。

从此，你会变得非常失落，会认为自己婚后真的变得不好了，他不再喜欢你了。这样太打击人了，会让许多女人都丧失生活的信心，实在是糟糕至极。所以，为了自己的好命，对这种男人趁早避开。

综上所述，不难看出嫁给哪一类男人你都会觉得自己不满足。不禁让人感叹：不能嫁的男人太多，能嫁的男人太少！那么，天底下那么多女孩们就会因害怕吃亏而不嫁了吗？这当然是不可能的事，绝不能因为害怕风雨和虫子就拒绝播种。

还会有那么一种男人，他们尽管不善言辞，却对你关怀备至，能够全心全意地为你付出，接受并包容你的优缺点，愿意和你平凡地共度一生，不管他属于哪一类，你都不会吃亏，这种男人才是值得依赖和托付终身的，如果遇到的话，就别再瞻前顾后、追求浪漫了，因为你是生活在现实中的女孩。

生活在现实的女孩，还是要“挑剔”一点的好。未婚的或正在热恋中的女人，不妨给自己泼瓢冷水，自己冷静一下，看看身边那个男人是不是值得你付出去爱。

第二部分

爱情需要经营,婚姻可以设计

爱情需要经营，婚姻可以设计

女人结婚的理由有很多种，可以是为情为爱，也可以是为利为益，但是结婚的最终目的只有一个，那就是让自己以及家人过得幸福。走进婚姻之后，重要的已不是你的结婚对象是谁，而是你怎么与你的结婚对象相处，因为如何经营设计婚姻将直接关系着婚姻的成败。

一个对鲜花不了解的女人，就算得到了整个花园，她所拥有的花期也不会太长，更不要期望她所养护出来的鲜花会娇艳无比。而一个好园丁，即使你只是给她一粒种子，她也会让这粒种子发芽、抽叶、开花，成为举世无双的一朵，她甚至有让这一朵花开满整个花园的本事。

婚姻也是如此，一个会设计婚姻的女人，她的婚姻总是幸福的。谁都无法否认女人在婚姻中的重要作用，可以说一个家庭幸福不幸福，一段婚姻美满不美满，80%要看这个女人懂不懂得设计。

方舟和颜颜结婚的时候，是他将她抱进家门的，那时他们住的是那种一家一户的平房，婚车在门前停下来的时候，一伙朋友撺掇他，将她从车上抱下来，于是，在一片叫好声中，他抱着她一直走进家门。日子就像是流水，转眼他们已结婚十年了，生活是越来越富裕了，但感情却越来越平淡。下海、经商、孩子和老人，在别人看来，他们的生活是无懈可击的幸福，但越是这种平静的幸福，便越容易出现突然变化——他认识了另外的女人：宁儿。

宁儿腻在方舟的怀里说：“像你这样的男人，最吸引女孩子。”方舟忽然想起了颜颜在刚刚结婚的时候似乎说过：“像你这样的男人，一旦成功之后，最吸引女孩子。”想起颜颜的聪明，方舟的心里微微地打上了一个结。

有一天，宁儿对方舟说：“离婚吧，方舟，我们在一起。”方舟点头，想起平淡如水的婚姻和平淡如水的颜颜，心里已经将这个念头扩散到非说不可的地步了。

颜颜端上最后一盘菜时，方舟按住了她的手，说：“我有件事要告诉你。”颜颜静静地吃着饭，方舟却分明从颜颜静默的眼睛里读出了伤害，他突然间有些不忍，毕竟这十年妻子没有做过什么对不起他的事，只是生活平淡了些。可是他已经在宁儿给他的感觉里无法自拔了。“咱们离婚吧。”方舟平静地说。一晚上颜颜没有说一句话，只是小声地哭。第二天，方舟起草了协议，写明了将房子、车子，还有公司的30%股权分给颜颜。颜颜接过协议，一声不吭地撕成了碎片儿。方舟感觉自己的心竟然隐隐地有些疼起来，毕竟是一起生活了十年的爱人，所有的温柔都将在未来的一天变成陌路一般的眼神，心里也有些不忍，但话已出口，毕竟是来不及收回的。

三天后，颜颜对方舟说：“我什么也不要，只要你答应我一个条件，再过一个月，孩子就过完暑假了，我不想让孩子看到父母分开的场面，所以，在这一个月里咱们还要像以前那样生活。还有，记得我是怎么嫁过来的吗?”颜颜湿润的眼睛静静地看着方舟：“是你将我抱进来的。要离婚了，你再将我抱出这个家门吧。我要求这一个月，每天上班，你都要将我抱出去，从卧室到大门。”方舟笑，说：“好。”

一个月为限，第一天，他们的动作都很呆板。自从一切说明之后，他们已经有很久没有这么亲密接触过了，每天都像路人一样。从卧室经客厅，出房门，到大门，十几米的路程，颜颜在方舟的怀里，轻轻地闭着眼睛，对他说，“别让孩子知道。”方舟点头，心里有些酸酸的。他将颜颜放在大门外，她去等公交，他去开车上班。

第二天，他们的动作就随意了许多，她轻巧地靠在他的身上，方舟发现颜颜确实是老了，他已经记不得有多少日子没有这么近的看过她了，光润的皮肤上，有了细细的皱纹。他怎么没发现过她有皱纹了，还是自己早已没有注意过这个他已经熟悉到骨头里的女人了。

第三天，颜颜附在方舟的耳边说，“院子里的花池折了，小心些，别摔倒了。”

第四天，在卧室里抱起颜颜的时候，方舟恍惚间有种错觉，仿佛他们依旧是十分亲密的夫妻，她依旧是他的宝贝，他正在用心去抱她，而宁儿，似乎变得遥远了。

第五天、第六天，颜颜每天都会说一些小细节，诸如衣服熨好了挂在那里，做饭时要小心不要让油溅着，方舟心里的错觉也越来越强烈。

慢慢的方舟感觉自己越来越不吃力了，“一定是锻炼的结果。”颜颜在换衣服，方舟等着抱她出门。颜颜换了几件衣服，都不太合适，自己颓丧地坐在那里，“衣服都长肥了。”方舟笑了一半突然止住了，他明白自己越来越不吃力是因为她瘦了，她将所有的心事压在心里。那一瞬间，方舟的心柔柔地疼了起来。

最后一天，方舟抱起颜颜的时候，怔在那里不走。颜颜也怔怔地看着他，说：“真想让你这样抱到老的。”方舟紧紧地抱着她说：“其实，我们都没有意识到，生活中就是少了这种抱你出门的亲密。”

方舟没有再去找宁儿，只是留给她一封信，说：“对不起宁儿，我只有对你说对不起，我不离婚了。我和她并不是没有感情，只是因为生活的平淡让我们熟视无睹，我今天才明白。我将她抱进了家门，她给我生儿育女，我就要将她抱到老，所以我只有对你说对不起。”

方舟路过那家上班时必经的花店的时候，给颜颜订了一束她最喜欢的花，他在卡片上写道：我要每天抱你出家门，一直到老。

其实，我们都没有意识到，生活中就是少了这种抱你出门的亲密。对于结婚十多年的夫妻来说，少了亲密是必然，也是悲哀。如果能意识到，何其幸运？很多女人在婚事已成定局之后就自动地由公主蜕变为主妇，不再打扮，不再撒娇，不再柔情蜜意，不再激情四射，而他就在你慢慢蜕变时慢慢地逃离了。

其实，幸福的婚姻便储存在日常生活的点滴之间，一句温柔的情话，一杯淡淡的热茶，一个会心的微笑，一次争执的让步，一个冷战后的拥抱……都会提升婚姻的幸福感，使幸福之花常开不败。

婚姻是要用心设计的，与其在他逃离时补救，不如在开始时就用心，相信在你的设计之下，你们的爱情一定会在婚姻中长久绽放。

跨过门，便是幸福

婚姻不是围城，也不是金色的鸟笼。它仅仅是一道门，门里门外没有什么不同，如果你真觉得有什么不同的话，那一定是你自己变得不同了，绝不是婚姻本身的问题。跨过这一道门，里面是幸福还是痛苦，便只能由自己和爱人来决定了。

精于设计婚姻的女人都知道，婚姻不会让你失去浪漫，也不会让你变得更有情调；婚姻不会让你变得丰富，也不会让你变得浅薄。你仍是你，只有你自己才能改变自己。说到底，婚姻只是一种慧心施爱的过程。

好多结了婚的女人总是互相抱怨：

“现在日子过得没意思透了，我感到很孤单。”

“怎么，他不好吗?”

“也说不上，反正我们越来越没有话说了，他越来越不理解我了。”

“你想怎么样?”

“我也不知道，只是这样的婚姻让人看不到什么乐趣了。”

接下来，她们对于生活越来越不满意，沉沦、放纵自己或者在网络中寻找另一份她们所认为真正的爱情。

周女士今年30岁了，在结婚三年里，她和丈夫是别人眼中的恩爱夫妻，她在谈到和丈夫的恩爱秘籍时说：“我们的婚姻之所以幸福全在于遵循这样一个原则：女人要哄，男人要捧。”

每次在她和丈夫有矛盾后，丈夫必定在下班时到水果市场去转一圈，专拣那刚上市最稀罕的水果买上一袋，进门就叫，老婆，快来看，有你喜欢的水果。孩子听见了上前看，他就把孩子一推，说：“去去去，没你的份儿，是爸爸专门给你妈妈买来吃的。”她于是常常不由自主地破涕为笑，偶尔故意看也不看水果，为的是让他多哄两次。与其说她接受的是一袋水果，不如说接受的是丈夫的那份和颜悦色的关爱与尊重。

很多女人总认为婚姻的不如意，主要是另一半的原因，说对方不理解自己，不配合自己，两人之间再也找不到共同语言了，生活开始平淡得像水，以前的所有火热激情都葬送在柴米油盐类的琐屑小事中了，接下来因为这爱情之水总不流动，所以又开始变质了，再也找不到一点可以让人怀恋的新鲜来。这或许是夫妻间常有的故事。说到90%以上的夫妻都是在凑合着过日子，让没有结婚的人平白对婚姻生出很多恐惧来，让已经结婚的人只看到漫漫灰色的前途。

那么，在你要求对方的同时，你也这样严格要求过自己吗？如果只是强调他对我越来越不好了，以前的温柔和体贴都不见了，越来越不会理解我了，也越来越限制我的自由了，等等。如果说对方这点那点越来越不好了，想想自己吧，自己为了他就做得一直很好吗？有时候抱怨只能让问题越来越严重。不如静下心来好好反省自己一下，总比抱怨和叹气要管用。当对方开始出现变化的时候，是因为工作上的压力还是其他的情感问题，你真的在心里和他一起体验和试图解决了吗？两个人的婚姻其实也该是一起成长和进步的过程，在感情上和事业上无不如此。

小雅今年31岁，她是一名电脑平面设计师，已经结婚五年了。平日里她是个养尊处优、惰性十足的女孩。婚后两年，她和丈夫两地分居，她和丈夫的收入本来就不多，一来二去，经济上的窘迫，使他们的婚姻陷入一种尴尬。三十来岁的她最终咬牙决定辞职、学艺、闯京城！

当真正游荡在北京街头的时候，她才体味到迷茫困惑的滋味，但“人在江湖，身不由己”，她以一种即将投身于商海浪潮的满腔热情，咬着牙，将凡是有钱可赚、投资不大又轻松一点的生意，统统地划拉了个遍。

小雅的头脑是那种比较聪明的，而且很好学。在两个月时间内，她学会了电脑实际操作和一些简单的软件应用。她先在一家电脑房处理文案，后来又自学了平面设计、三维动画和环境家居设计等软件，最后终于拿到比老公还高的可观的薪水。每当她用自己的钱为老公添置新衣或买好东西吃，得到老公深情一吻时，心里都美得很，觉得幸福的婚姻真的很容易，只要自己不放弃努力，精于设计、用心经营，它其实就在你一伸手就能够得着的地方。

一般来说，男人是不在乎别人说他不英俊的，可是男人最忌恨别人说他不能干。男人要捧，特别是妻子对他的恭维。其实说来都是些饮食男女的日常生活小事。比如案例中的小雅，因为职业的特点，在外是一个风风光光、独当一面的能干女子。但回到家她就会变得很女人，喜欢殷勤地为修理电灯的丈夫递工具打下手，还提出一些十分天真的问题让丈夫给她解答。丈夫也就真当回事儿，在地上画起线路图来讲解。她的丈夫是个小职员，但他在家能得到小雅的肯定和尊重，就会觉得能当得起“男人”二字，在外无权无势又有什么要紧？

学会设计自己的婚姻吧，很多时候，我们不是像小孩子一样玩过家家说散伙就可以散伙，我们不得不考虑太多的实际问题。其实，乐观点去看待前面的路，想想你们共同拥有过的美好日子，学会感激他给你的每一点关怀和爱，婚姻或许会在感激和展望中获得更好的发展。

如果说婚姻像围城，不如说婚姻更像一个普通的小屋，夫妻二人就是小屋的主人，如果齐心协力，就能够把小屋装潢成童话中的宫殿；如果貌合神离，那小屋势必变成一座令人窒息、恐惧的鬼屋。

请向你的爱人伸出你温暖的手吧，让爱用行动来证明，用心设计你们今后的婚姻生活，跨过这一道门，拥有属于自己的幸福。

守住婚姻，紧握人生红线

从古到今，不管是叱咤风云还是小家碧玉的女人，最终还是要回归婚姻、回归家庭，结了婚、有了家就像是船只有了停靠的港湾。对于女人来说，婚姻是生命，是在外打拼的动力，是生命的延续，因而婚姻影响女人的一生。

年轻的时候，我们向往浪漫、盛大的婚礼，希望身边的男人富有或有地位，能给自己带来切身的利益，婚姻可以给自己带来更多的物质享受，给自己带来荣华富贵。可是这样的婚姻华而不实，像泡泡糖，外边的包装设计得很花哨，但充其量只是一件信手可拈的小玩具。

其实，婚姻本来就是非常平常的东西，一旦揭开那华丽的设计包装，就再普通不过。女人在设计的婚姻模式中，嫁一个有钱人是一种理想的设计，于是，她们想尽一切办法，抓住一切机会，想抓住有钱人的臂膀，坠入婚姻的舞池。只是嫁给了这样的男人，你要学会豁达，因为许多有钱的男人还有一些“家外之事”，你得权当没有看见。

女人都是为爱而生，都希望能主宰自己的婚姻，希望自己的婚姻幸福。可是，很多女人的婚姻并不幸福，她们总是不满足于现状，用很通俗的话说，就是“这山望着那山高”，“吃着碗里的看着锅里的”。女人的一生中有很多感情的陷阱，面对像雾像雨又像风的扑朔迷离的诱惑，就要看女人的定性如何，如果一不小心陷了进去，从此就告别了快乐，以后的日子将是以泪洗面。

一个人婚姻幸福与否，其实一开始就是注定好的，这不是宿命论，而是说在结婚时有什么样的婚姻主角就有什么样的婚姻。女性朋友要明白，女人最需要的是一个温馨的家，家里有一个自己爱也爱自己的男人、一个可爱的孩子。走进婚姻的殿堂，就不能左顾右盼，再想着设计别的一个婚姻出来。打个比方，就像走进了麦地，你按自己的期望值找到自己认定的最大的麦穗儿，然后双手小心翼翼地捧着，不接受任何诱惑，目不斜视地走出麦田。还是那句话，做女人要守本分。

在北京，没有几个人不知道建外 SOHO，而一提 SOHO，人们首先想到的就是夫唱妇随的潘石屹和张欣。

张欣出生在北京一个缅甸归侨家庭，1992 年，她获得了剑桥大学经济学硕士学位。硕士毕业后，张欣先后在巴林银行、高盛集团和美国华尔街投资银行旅行家集团任职，直接负责对中国投资项目。

潘石屹认识张欣的第四天便向她求婚，那时他是尚无名望的集团合伙人，她是出身华尔街的投资银行家，而她竟然真的嫁了。人们把张欣与潘石屹戏称为“土鳖”与“海龟”的结合，也在打赌他们如此不般配的婚姻会解体。

当时张欣年薪是 20 万美元，如果嫁给潘石屹，就意味着要回国，而且可能失去国外跨国公司的工作。在张欣的朋友看来，这将导致张欣生活水平下降。听到张欣要结婚的消息，国外的朋友打来了电话："张欣呀！你一结婚，可就要放弃在香港对着维多利亚海湾的大房子啦！如果你要嫁人，可以嫁个留学生或者是在华尔街工作的人，他们年薪至少也会在百万美元以上，他们肯定比潘石屹更有前途，那才是你幸福的选择啊。"还有人说："张欣，那个土土的老潘有什么好的！真不明白你是怎么想的！"

朋友们的话并没能改变张欣的决定，她告诉朋友："潘石屹是个优秀和智慧的人，虽然没出过国，不会说英语，但我作为一个女人来评判，我觉得他会给我幸福。"

而事实上，十多年来，他们的婚姻虽然也曾出现过危机，但他们最终携手结伴而行，并一起创造了 SOHO 的神话。

很难说是否因为与张欣的结合，使商人潘石屹对房地产业有着更深切的人文情结，但我们相信，若他的太太不是张欣，我们也许看不到成为艺术经典的"长城脚下的公社"和具有强烈都市文化色彩的 SOHO 建筑。

在新婚之后，他们联袂完成了第一件夫妻合作的杰作——位于北京国贸桥东侧、总建筑面积 48 万平方米的 SOHO 现代城。这一作品让张欣和潘石屹红透了房地产界，北京房地产界从此也有了自己的明星。

婚姻影响女人的一生。对于婚姻，我们的设计要求可以很简单，找一个有爱、能平稳过日子的老公，当个贤妻良母。也许日子很平淡，也许没有太多的故事，没有大起大落、跌宕起伏的人生经历，也许婚姻会很传统，很普通，也许钱会很少，刚刚够花，但是我们心中会很祥和，把幸福建立在自己平凡的生活中，把每一个平淡的日子过好，爱慕对方，尊重对方，体贴对方，久而久之，幸福感会越积越多，人也会越来越幸福。

当然，现代女性在“建造”自己温馨的家的同时还必须有自己的事业，想主宰自己的命运就必须靠自己，女人无论如何都不能为了某些东西牺牲自己的事业，做专职太太的命运就像浮萍一样，男人可能爱上了当初你的美丽，但美丽的容颜却是昙花一现，如果失去了自己的事业，两人的地位就不再平等，一切都有可能是水中月、镜中花。

婚姻影响女人的一生，婚姻占据着女人生命中的大部分时间，婚姻牵扯着女人太多的精力，它是女人生活的主要内容，也是决定女人命运最为关键的因素。婚姻的喜剧在我们的生活中随处可见，婚姻的悲剧也在我们生活中不断地上演，两种不同的剧本恰恰显示了女人一生的命运。

所以，女人要嫁得好，别让细节毁了你的婚姻，精心设计婚姻等于用心呵护人生，我们要学会守住婚姻，才会握住命运的红线。

结婚之前，先懂得婚姻真谛

婚姻中的似水流年是非常朴素和平淡的，有时甚至还带着几丝苦涩，如果带着年轻时的风花雪月和初恋时的浪漫走进婚姻，婚姻不仅会令你失望，并且还会以死亡来向你抗议。

一位与丈夫结婚60年的女人，这样总结她的婚姻生活：

我和他共同生活了60年零216天，他总共给我送过3次花，不过他吻过我51278次；我们吵过216次架，但他对我说过2852次对不起；我给他擦过3621次皮鞋，他给我洗过12次脚，那是在我怀孕期间，我的大肚子使我无法弯下腰去；我给他叠了1967次衣服，他给我剪过19次头发；我给他买过316次袜子，他给我买过19次香水；他还让我怀过8次孕，生过6次孩子，2次流产。另外，我们还共同用过327管牙膏，参加过22次葬礼，一起和孩子出去野营过9次，我们把衣服放在同一个柜子里37年，我们共同拥有14位朋友。

可见，婚姻生活是平淡朴素的。人们往往用童话般的心理看待婚姻，就必然会导致诸多失落感。

恋爱时女人欣赏男人的穿着打扮，结了婚才觉得给男人没完没了地洗衣服并不是那么潇洒；恋爱时女人相信男人偶尔的横眉立目是一种阳刚的表现，结了婚觉得男人脾气暴躁十分可怕；恋爱时女人感觉男人如同梦中的白马王子，结了婚才明白，潇洒英俊的王子也要吃喝拉撒。

倘若没有一颗平常心，抱着那种童话般心理结婚的人肯定要大失所望。自己是平常人，为什么要求所爱的人像王子呢？有了平常心，才会从平常中品味出纯真。这样，平淡才不至于无趣、乏味。或者说只有正视平淡，不去抱怨，才能找出平常生活中的趣味。就像咖啡，除非不想喝，如果想喝，就只有慢慢地从那种略带苦涩的滋味中品出咖啡的香浓来，或者自己给它添加点糖，让它变得韵味悠长。

有一个年轻女人，在热恋时，时常莫名的叹息，因为她的男朋友并不像其他的男孩子那样懂得浪漫。

在一次约会中，他终于向她表白了爱意，他让她嫁给他。

她有生以来第一次经历一场如此激烈的思想斗争：答应嫁给他吧，生活便从此粗糙得像石头，单调得像灰砖；不答应吧，他除不够浪漫之外，没有太多可挑剔的。他爱她、呵护她，让她时时刻刻都感到爱的存在。

权衡再三，她选择了做他的妻子。

若干年过去了，他仍旧只有弱小的浪漫因子。然而，他们却生活得很快乐。“我很幸运，能有一个无比温暖的家。”她言语间洋溢着满足和幸福感。

其实，婚姻是一种实实在在的东西，像饥饿者手中的馒头，容不得太多的花哨东西。

的确，在我们的生活中，并没有太多的大爱大悲，也没有多少让人们梦魂萦绕的情爱浪漫。很多平凡的男女带着简单的故事和经历筑起了一个个属于他们的爱的小屋。

也许，他们并不奢求多么辉煌的人生，也不苦求心灵的契合，平平淡淡的日子像水一样流走。

男人、女人和孩子，如燕子衔泥一样精心设计着他们的小巢。丈夫，像一个真正的大男人一样保护着自己的女人；妻子，以女人的温柔体贴抚慰着自己的男人。冬夜归来一盏不熄的灯、一条热热的毛巾，高兴时一次难得的浅酌对饮……这些，已使我们平淡的生活一点一点地好起来，使婚姻这座小屋越来越温馨怡人。

婚姻如一杯热茶。幸福婚姻中的夫妻，则是沉浸在杯底的茶叶，舒展了叶片，静静地享受生活的滋润。

婚前，总是渴望婚后依然保持着热恋时的浪漫，梦想在欢庆的节日里有鲜花做伴，在闲暇时夫妻相伴去远郊踏青。婚后才知道，夫妻搭伴过日子，爱情已经转化成心中沉甸甸的责任和义务，表现为生活中对爱人的体贴和关怀。

婚姻怎么不像一杯热茶呢？热恋的情感如一杯滚烫的水，倾注进婚姻的茶杯。新婚的生活朝气蓬勃，但那时茶叶都浮在水面上，茶的醇香未能浸入水中。久了，茶叶与水都平静下来，生活逐渐变了色彩。慢慢地，茶叶舒展开来，展现出自己真实的面目。茶叶最终飘落杯底，于是世间多了一杯可口的佳茗。

失败的婚姻就是一杯没有泡好的茶。或者是水的温度不到沸点，或者是茶叶的质地不够精良。茶与水不相融时，茶叶浮在水面，茶的醇香永远不会沁人心脾。

做一个忠实于家庭的爱人，慢慢地沉入婚姻的杯底，奉献出自己的芬芳吧。普天之下许多幸福的夫妻，都是经历了水乳交融的磨合，最终成为杯底的茶叶，你中有我，我中有你，彼此相依，绽放出恬淡的光彩，享受着优雅的温情。

下面是一个善于享受精彩生活的女人的婚姻哲学，请听：

在整个地球上，有六十多亿人。在这六十多亿人中，只有其中的一个人与你朝夕相处。这个人就是你的另一半。他和你住同一所房子，养同一个孩子，使用同一笔钱，吃同样的早餐。

如果可以，百年以后你的名字还将和他的刻在同一块石头上。这块石头的名称叫墓碑。它将记载你，同时也记载他，它将告诉任何一个目睹此碑的人，别小瞧了这两个人，在这个世界上的六十多亿人中，唯有她和他度过了最长也最隐秘的时光。

你能够在人群中一眼认出他来，因为他是你的丈夫；也能够在危难时认准他会来救你，因为你为他生过孩子。

不管你们俩的工作单位如何不同，上班时间也各有相异，也不管天气是否刮风下雨，下班后，在潮水般的人流中，只有你们两个将回到同一个地方，这个地方就叫家。

这个家只有两个人或三个人，就是你和他，或者还有孩子。还有两把钥匙可以打开同一扇门。茫茫人海，芸芸众生，一个人在被称为家的地方等另一个人回来，一等就是几十年。

如果有一天，爆发了战争，在逃难的人群中，你的目光绝不会离开他。因为你知道，在这个世界上，人和人只要稍一疏忽，就会永远分离。

如果有一天，战争结束了，你坐在公路旁，什么期望也没有，只期望能在人海中一眼认出他来。或许他永远不会再回来，这样，你将走遍世界去找他，找不到，就不回家。

即使没有发生战争，你也把他当作失散多年后重逢的人看待。

也许婚姻便是一场战争，在这之前，你们失散过，相识的那一天，你们又重逢了，多么不容易。然后是回了家，举行婚礼，然后便过着寻常日子，一日三餐，生儿育女。或许没有人知道，但你早已下定了决心：既然你跟了他，就绝不能负心于他。在这个拥挤的人世间，他是你的保护神，你们将共同走到生命的尽头。

婚姻的本色是平淡，花朵和浪漫，不过是浮在生活表面的浅浅点缀，点缀再美也不能取代生活平淡的本身。婚姻这杯热茶如果要好喝，固然需要滚烫的水和优质的茶叶，但也需要时间让茶叶在水的浸泡下露出本色，且互相渗透，达到你中有我，我中有你，彼此相依。此时，喝起来才会觉得平淡中有清香和韵味。

女人一旦走进婚姻就不要奢求太多的浪漫，家就是一个平淡与琐碎交织的地方，爱人就是那个能天天陪你一起吃早餐的亲人。婚姻的真谛，便是如此。

坚持婚姻设计原则，和谁结婚都幸福

有的女性朋友问，幸福婚姻有没有公式或者经验可谈，怎样做才能让自己的婚姻更幸福？其实，如果坚持设计婚姻的原则，不仅可以让自己幸福，而且无论和谁结婚都幸福。

第一，相互欣赏。夫妻之道，千言万语，可以把它归纳为两个原则，一是努力使自己被对方欣赏；二是努力去欣赏对方。爱情的真正魅力在于互相发现。欣赏是花，爱情是果。对自己所爱的人，不要羞于表达你的爱，不要吝啬你的称赞。

如果能在适当的场合、用适当的表情告诉对方："我爱你"，这三个字足以抵得千军万马。欣赏则是对对方的一种承认、肯定和鼓励，必然会使人产生一种满足感。所谓的了解，最大的意义就是肯定、承认、赞美与欣赏，欣赏是双方心理的共同需要，同时也是处理好夫妻关系的秘诀之一。

第二，储存感情。每个人在自己的内心深处都拥有一个情感账户。如果你经常在感情账户中储存真爱与默契，那么你的款项就越来越多，提取的幸福和快乐就会越多，还可以提取微笑、温柔、鼓励及安慰等利息。即使偶尔因自私或不够体贴而支款，你也不至于因此而透支。

而当信任和欣赏的准备金陷入负债的状态后，如果我们仍不断地透支的话，感情或婚姻就会被推入到一种破坏的边缘。

人生错综复杂，我们都有可能偶尔失控，伤害了配偶。避免情感银行户头透支最有效的办法是：平常多存款，多说感激与欣赏对方的话语，多做体贴关怀的事。

第三，人格独立。纪伯伦在《论婚姻》当中讲道："在合一之中，要有间隙。"琴弦虽然在统一的音调中颤动，但每根弦却又是单独的，这样才能演奏出人世间美妙的乐曲。婚姻是一对一的自由，一对一的民主。不要偏执地认为"你是我的"，那样就只能会使自己的爱巢变成囚禁对方的监狱，里面的人十有八九想越狱，只是看他有没有胆量而已。

一首古老的法国歌曲唱道："爱是自由之子，从不是统治之后。"

如果我们期望爱情"增长"，首先必须确认它得到了悉心的培植和坚定不移的呵护。不要改变自己，更不要试图去改变对方，而应该把各自调整到一个适度的空间，既要长相厮守，也要让彼此独处。在婚姻的土壤中，让两棵个性不同之树自由地成长，这样自然就可以收获到幸福的果实。

第四，尊重对方。《圣经》上曾讲道："要想让别人怎样对待你，你就要怎样去对待别人"。要想使你的婚姻更加稳固，最重要的一条是要学会尊重，只有懂得尊重对方，你才能得到对方的尊重。不仅要尊重对方，最要紧的是要"爱屋及乌"，尊重对方的父母和兄弟姐妹，以及对方的亲朋好友。如果你瞧不起对方的家人，更有甚者将对方家人推到了自己的对立面，这种做法非常愚蠢，这样做会使自己陷入孤立无援的境地，对你婚姻的稳固将是致命之伤。

第五，金钱与爱情。家庭的基础有两个，一个是金钱，另一个是爱情，缺了其中的哪一个都不行。通俗点讲，有爱情还要有面包；文雅点讲，经济基础决定上层建筑。离开金钱，会影响爱情，这是没有人能够否认的。但在家庭生活中千万不要将钱看得太重，如果你天长日久地对钱铆足了劲儿，总用“计划经济”管制对方，使得对方没有一点“搞活经济”的自主权，那么势必物极必反，对方也许总有一天会不执行你这种“政策”而溜走。这时，你也许才真正意识到：钱是死的，人才是活的，唯有人才是情感高楼中的顶梁柱。

第六，珍惜善缘。佛说：“前生千次的回眸才换得今生的擦肩而过。”茫茫尘世中不早也不晚，我们与自己的另一半相遇了，这需要多大的缘分啊，我们没有理由不珍惜这份善缘，我们没有理由像看电视剧一样对待自己的婚姻，随时地转换频道。

如果不是遇到了一段无法挽救的死亡婚姻，就要竭尽全力地去补救，既然今生牵了手，最好能“执子之手，与子偕老”，绝不要轻言放弃。

第七，学会给予。婚姻生活中的很多人都把爱看作为“被爱”，而不是“去爱”，只想让自己如何变得被爱，而不是主动地学会如何去爱对方，如何去关心对方的精神需要。真正的爱是倾其全身心的“我给”而不是“我要”，是以自己的生命力去激发对方的生命力。给予比接受更快乐，并不是一种被剥夺，因为在给予的行为中表示了自我生命的存在。爱就应该是纯粹的东西，不夹杂任何条件和功利。爱是一种分担而不是迷恋，爱意味着关心、责任和尊重，达到“你中有我，我中有你”才称得上是婚姻的上品。

第八，相互宽容。在家庭生活中，夫妻双方往往会因为一些鸡毛蒜皮的小事而产生摩擦，影响家庭的和谐气氛。夫妻之间产生摩擦，彼此或多或少都有一定的责任。一位哲人说：“结婚前要睁大你的双眼，结婚后就要闭上一只眼睛。”一个人本来就不可能十全十美，今天你之所以会去喜欢一个人，那么一定是这个人的某一点个性吸引了你，才让你倾心。如果我们都能学会生活的艺术，相互宽容，从而给家庭生活增添一些“润滑剂”，那么家庭生活中就不会有太浓的“火药味儿”了。

第九，学会“懂”。夫妻之间要读“懂”对方，所谓的“懂”就是：当你遇到挫折时，他不说一句有损你尊严的话；当你意气用事时，他娓娓解说事理给你听；当你心情不好时，他绝不和你一般见识；你若开颜他先笑，你若烦恼他先忧，他的欢喜会告诉你，但他的忧愁却不会轻易地向你表露；即使你们远隔千山万水，他也深信你。懂，需要的是了解、需要的是体贴和需要有一颗爱对方的心。

当然，这不只是给妻子的忠告，丈夫也是要遵守的，只有夫妻双方共同努力，谨遵这些方法去设计和构建你们的婚姻，无论和谁结婚，都是幸福的。

幸福婚姻也是有规律可循的，遵守这些规律，坚持婚姻设计的原则，你的婚姻便会幸福美满，也会长长久久。

半糖主义，婚姻的黄金比例

婚姻的最高境界是若即若离，这样的感情得到了证实，基本上是会长长久久的，但是想要处理好这样的关系是很难的。

同城分居的婚姻方式是两个人婚后并不完全生活在一起，而是过着“五加二”的生活：五个工作日各自单过，周末两天才与“另一半”聚首。在非团聚日子里，他们会利用这个资讯发达时代的各种通信方式（如手机、互联网等）联络，偶尔也会像恋人约会般地一起吃饭看电影，但随后他们又像朋友般友好告别各自散去。如果在不该见面的日子里，一方要到另一方的住处去，还必须“提前预约”。他们笃信距离产生美、小别胜新婚。“半糖夫妻”就是指周末才在一起住的夫妻，也是另一种形式的婚内分居。受到工作压力或者生活习惯的影响的夫妻常常会选择这种生活方式。

比如人与人之间的交往，中国的一句老话，“君子之交淡如水”，其实与半糖的主张有异曲同工之妙，有一点儿亲密，有彼此的关心，但又不会太近，不会妨碍对方的私密空间；比如我们对成功事业的追求，应该努力争取，顽强拼搏，但又不急功近利，不奢求、不强求；比如我们对情感的向往，应该懂得珍惜，好好把握，但不束缚他人，给对方足够的自由快乐；比如我们对婚姻的态度，应该常常在一起，但又懂得亲密有间的道理。甚至我们的穿衣打扮，一日三餐，都该好，这样才会最好地摒弃生命里的苦，品尝到生活中的甘甜。

说到底，半糖主义代表的是一种健康的生活态度，太苦的日子会使人沮丧失望，非我们所愿；过甜的日子容易让人不识甜为何物，不懂珍惜，也许生命的最佳状态就是不回避烦恼与苦难，并学会给自己的日子加半勺糖，在若有若无间体味生命的香甜，领悟甘苦参半的人生真谛。

一些年轻人选择婚后分开居住，是因为他们担心彼此不能白头偕老、不能从一而终，因此以退为进，来为爱情“保鲜”。为了“小别胜新婚”目的而分居的，有可能会为平淡的婚姻生活增加一些常新的因素，从而刺激两人的感情保持鲜活状态。

发型师John与妻子Vivian实行“半糖主义”已有将近一年时间，两人同在广州分住两区，虽然他们结婚已经有三年多的时间，但是在朋友眼中，只要看到他们在一起，都让人感觉无比甜蜜。“距离产生美，两个人如果经常在一起，无论对方多漂亮，总会有厌倦的一天。”John说，“我觉得空间对于夫妻双方来说十分重要，因为毕竟没有两个人的兴趣爱好会完全一致，各自爱好不应因婚姻而遭抹杀，这是我们实行‘半糖’的原因。”

“即使是出去玩儿，我们也都会牢记自己的身份，太晚回家会发个信息或者打个电话给对方，以免对方担心。实行‘半糖主义’我觉得双方的信任是十分重要的。”Vivian说，“平时我们也时而像恋人般下班后约会，但是在非周末的时候，如果对方要到自己的屋子也要先‘预约’，不做突击访问，这是我们形成的共识。”

要永远觉得意犹未尽，若有似无的甜才不会觉得腻，真爱不用天天黏在一起。你什么时候听说过一个在热恋的男人或是女人说过腻？陪你哭、陪你笑，滋润在爱情里的人哪一个脸上不是白里透红与众不同？那个甜，是由内而外的满溢，眉梢眼角收都收不住。

聪明的女孩一般都懂得若即若离的好处。她们懂得如何利用自己的美丽与才智，给她与他设计出一道若有若无的屏障，逗得那些男生心痒难耐，但是就不让男生们达到目的。她们的美丽源于智慧也源于经验。或许，叫熟能生巧。人类的感情是这样的奇妙，每个人都想探寻出一条路。

几番挫折终于成功的男女们才会觉得幸福来之不易，有的会好好珍惜，而有的也只是为了等这个结果而已。

只是喧闹的现在有多少人玩得起若即若离的游戏，生活的节奏太快，人们都习惯了一上来就说，我喜欢你，做我的女朋友吧。豪放的人们，往往要为自己的轻狂付出代价。

当繁华过尽，该玩儿的游戏都玩儿过了，剩下一颗心斑斑驳驳。女孩们已经学会了自己照顾好自己，学会了一个人面对孤单寂寞，学会了自我修正与勉励，不再寄希望于男子。只是，偶尔看到那些还年轻的情侣们在路上争吵，她们多想上去告诉那些情侣：如果爱，请深爱。为什么要为了生活的细细小小闹得满城风雨呢。

年轻的人们往往不懂爱情，懂了的时候爱已经走远。这时候，再有一个男子出现，苦苦追求，结局是，他只得到了追求时美丽的、纠结的心情。求之不得，往往让很多男子记忆美好。或许从来没有得到，反而保留了最美好的幻想。相比而言，求之不得是最没有互动的。

如果一个男孩掏心掏肺似的对女孩好，但是就得不到什么回应。冷若冰霜反而激起了男生们更大的好奇，只是他们不知道自己遇到的女孩已经不是那个若即若离的，更不是那个百依百顺的。

若有似无的甜是什么？是一杯苦咖啡里只放半块糖的滋味。甜，你根本尝不到，苦，你又明明放了糖。爱又不爱，感情里轻松地来去，这也是需要资本的吧。

半糖主义的爱情会在两个人之间永恒地滋生。最终变得美妙，甜中带微酸，达到美味爱情的效果。

共同语言，让爱以类聚

结婚以后，你是不是经常感到有种孤独感、失落感？

这主要是表现在，你的兴趣爱好在一定意义上受到限制。比如，婚前你性格开朗，爱好广泛，每逢节假日骑单车郊游等，可是你的他却是个性格内向的人，喜欢下棋和读报等，对郊游之事一点儿也不感兴趣，两个人渐渐相对无言。

兴趣爱好看似不起眼，却在夫妻的精神生活中扮演着非常重要的角色，决定着被生活磨砺的两颗心是生发出浓浓的情意还是产生出深深的裂痕，是日益靠近还是渐行渐远。

然而，许多女人往往对此疏忽大意，不善于适应和分享丈夫的一些兴趣爱好，而这正是淡漠夫妻关系的“罪魁祸首”——男人感觉不到妻子相应的温柔和甜蜜，会产生孤独感和失落感，甚至远离这个家。

著名的主持人黄健翔在网上首次披露自己离婚内幕时说，妻子不看大片儿，不听音乐，不喜欢足球。有些东西不喜欢也就罢了，可这三样东西对于他来说却是等同于生命的东西，妻子和自己兴趣的不一致让他感到两人生活在一起没有共同语言，了无生趣，所以就离了。

诚然，人与人之间一定要同频才能和谐，夫妻之间更是如此。兴趣相投的夫妻无疑是幸运的，因为他们除了是夫妻之外，还是志同道合、有共同语言的知己朋友，为彼此提供了更多的相互沟通、情感交流的机会和空间。在所有成功的婚姻生活中，善于适应和分享对方的兴趣爱好，是夫妻和睦、婚姻幸福的重要因素之一。

亚瑟·摩雷和他的妻子凯瑟琳是一对非常著名的夫妇，结婚28年来他们一直在一起从事舞蹈培训工作，他们很可能是有史以来教会最多学生跳舞的老师，而且他们的夫妻感情非常好，令人艳羡。

有人问凯瑟琳："像你们这样天天在一起工作生活，按说应该很容易陷入单调重复的生活方式，但是在众人眼里你们很恩爱，尤其是你的丈夫他很疼爱你，请问你们是如何做到的？难吗？"

"一点也不难！"凯瑟琳回答，"很简单，因为我们都喜欢舞蹈。每次他一研究出新的舞蹈动作就会兴奋地和我分享，我非常能够体会他的感受，也总是能帮助他将舞蹈动作更完善一点。我们还经常在一起讨论学生们的学习情况，制定新的学习课程。有这么多的事情要做怎么会觉得无聊乏味呢？"

因此，要想让夫妻感情更加融洽，婚姻生活更加和谐，你一定要主动了解或培养你们夫妻之间共同的兴趣爱好，寻找到你们的共同语言，然后再互通心曲。为了提高效率，你不妨先对自己提几个问题：

除了和自己谈必谈的家庭琐事，他还主动提及哪些事情？

他和自己就哪些问题的交谈比较愉快，两人对哪些事情表现出了共同的兴趣？

他爱读哪类型的书，爱看什么电视节目？自己做的什么事情让他看不惯，他干涉得最多？

弄清了这些问题，再仔细想一想，你就大致了解了他的兴趣爱好，乃至你们双方完全不同的兴趣所在。

不过，由于我们每一个人的生活环境和文化修养等都是不尽相同的，我们的性格和爱好也不同，因此对于你和丈夫之间的不同兴趣点，你可以不必太在意，也没有必要强迫自己或对方发生改变。

事实上，只要你能在彼此平等的基础上尊重、适应对方的兴趣爱好，相互学习，培养双方共同的一些兴趣爱好，长此以往，你们夫妻之间的兴趣爱好很可能趋于平衡，而达到心理上的协调和相通。

培养共同的兴趣爱好应注意以下几点：

（1）将你的兴趣渗透给丈夫

要想赢得主动权，你要采取主动的方式，有意识地将自己正当而有益的兴趣渗透给丈夫，使他也逐渐对你的兴趣产生兴趣。比如，如果你喜欢跳舞，那么跳舞时不妨带着丈夫一起参加，逐渐培养他对舞蹈的兴趣。如果实在培养不出他的参与兴趣，试着培养他对这项活动的观赏热情，你在台上跳舞，他在台下鼓掌，妇唱夫随，也是美事一桩啊！记住，你要循序渐进，切忌操之过急。

（2）尊重丈夫的爱好

著名的作家莫里斯在《婚姻的艺术》这本书里面说："除非夫妇之间能够相互尊重对方的嗜好，否则这桩婚姻将很难得到幸福。任何人都明白，如果希望两个人有完全相同的思想、相同的意见和相同的愿望，这是很可笑的想法。这种事情既不可能有，也不受欢迎。”

如果你和他的兴趣爱好不一样，要想办法解决，而不能将之作为感情不和的借口，不妨两人协商互相尊重对方的爱好，不能讨厌甚至埋怨对方正当的兴趣，不能让他因为你的干涉而失去做他自己喜欢做的事情的权利，并且找到能够满足各自兴趣爱好的办法。

像很多家庭主妇一样，王萍的爱好除了看电视就是逛街，而她老公刘君是一个科技达人，对各种高科技产品情有独钟，经常去参观科技博物馆。每逢周末，王萍想让刘君陪自己逛街，刘君一提起逛街就打盹儿；而刘君想带王萍一起去博物馆，王萍像要受刑似的一百个不愿意。为此，两个人没少吵嘴。

这天，两个人又争执起来了。王萍想要逛街，刘君则偏要去博物馆，两个人吵得面红耳赤。最后，王萍气得回到卧室关上了房门，刘君则干脆在客厅睡了一宿。为了这点儿小事弄得这么不愉快，王萍越想越不值，怎么办呢？

经过再一次的协商，两人决定互相尊重对方的爱好，并制订了新的行动方案。王萍去逛自己爱的百货商场，刘君则去参观科技博物馆，然后约好在哪里碰头吃饭。刘君不认为王萍没有品位，王萍也不认为老公自私不照顾自己。于是，双方都满足了自己的喜好，又享受到周末同行的乐趣。

这样的例子也许极少，但平时的生活也未尝不可照这种方式调节。在娱乐方面老公喜欢看军事节目，你爱看文艺片儿，那为什么非要一起看？老公喜欢跟朋友一起踢球，你却喜欢在家看书，又为什么非要硬绑在一起？

（3）学习丈夫的兴趣爱好

一些感到寂寞和不快乐的女人，常常抱怨自己的丈夫闲暇时抛下自己去找朋友们下棋和踢球等，全然不知该如何破解此症结。其实一味地抱怨丈夫解决不了任何问题，学习一下他的兴趣爱好，试着走进他喜欢的那个世界里去，你将更能了解他，这不是一件好事情吗？

苏瑞德在一家贸易公司工作，因为职业的关系时常要在外面跑，他的妻子总是希望苏瑞德工作之余能留在家中多陪陪自己，但苏瑞德是一个棋迷，经常抛下娇妻去找朋友们下几盘国际象棋，而妻子只好独自一个人寂寞、无聊地打发时光。

那段日子过得很不愉快，但这位妻子没有像许多女人那样唠叨、哭泣，更没有耍吵闹或“回娘家”之类的威风。相反，她开始认真的分析研究和学习苏瑞德的兴趣爱好，希望能“拴”住丈夫。

为此，她在家里为苏瑞德准备了棋桌、棋子和棋盘，还求他教自己下棋。开始，她连国际象棋是怎么回事都不明白，可通过与丈夫共同切磋，后来居然也成了一个比较高明的棋手。两口子经常过上几招，这使苏瑞德大为兴奋。她还让苏瑞德时常邀一些朋友来家里下棋，这样一来，苏瑞德就会十分自豪地把朋友带回家，他不再认为必须离开家到外头去玩儿有什么必要了，自然也就不再整天跑到外面去了。

女人如果不能与其分享爱好，很可能无意之中把丈夫从身边推开。所以，你一定不能忘了这招对付丈夫的秘诀：学习他的兴趣爱好。当他在家里也能实现自己的兴趣爱好和获得乐趣时，怎么会忍心把你一个人单独留下呢？除非他是自私自利而又无可救药的男人。

（4）偶尔附和丈夫的兴趣

夫妻既是一个整体，又是互相独立的个体，如果你和他都是生性固执的人，彼此很难做到学习对方的兴趣，怎么办呢？不用着急，事实上，只要你偶尔附和一下他的小兴趣，就可以让他获得充分的满足感，而这不会花费你多少的时间和精力。

周末下午，老公正兴致勃勃地坐在电脑前玩围棋游戏，周梅在擦地板，她走上前去，轻轻地拍了拍老公的肩膀："嗨，你今天要是不累的话，晚饭你做吧，我今天有点儿累。"

"别动，别动，我马上就要赢了！"老公头也不回，十分激动地说道。

周梅很了解老公，他打小就挺喜欢围棋，但是技术一直低劣，和电脑对阵中他一次都没赢过。这次快赢了，周梅也很来劲儿，二话没说，放下拖把安静地站在后面观阵，还和老公一起计算最后的一步一招。

一番厮杀后，老公果真赢了，他高兴地吻了周梅。接着他一边兴奋地和周梅讨论围棋，一边又帮她拖地板，还承诺晚上自己要做一顿大餐。到了厨房里，他还不停地和妻子探讨刚才的棋局，兴奋的样子就像个孩子。

周梅只不过是在老公感兴趣的事上附和了他一下，他竟然会这么喜出望外。那晚，坐在点着蜡烛的餐桌前，周梅忽然想，如果下午自己硬是把老公从电脑前拉开，逼他做饭的话，或许就没有这样一个浪漫的夜晚了。

值得一提的是，尊重、学习、附和丈夫的兴趣爱好一定要注意道德和法律原则，倘若丈夫嗜赌、嗜酒、嗜烟，甚至嗜偷、嗜骗等，你也一味地去迎合，那就不是去寻找乐趣，而是助纣为虐、招灾惹祸了。

总之，共同的兴趣爱好是一种默契的语言，可以将夫妻两人拴紧，让两人惺惺相惜。当你和爱人兴趣爱好不同时，不要为此焦虑，在顺其自然的同时，努力适应并学习对方的兴趣爱好，这才是可取之道。虽然需要付出你一点时间和精力，但为了一生的幸福，做一点努力又有什么关系呢？

要想让夫妻感情更加融洽，婚姻生活更加和谐，你一定要主动了解和培养你和丈夫之间共同的兴趣爱好。

别在失去后，才懂得珍惜

人的一生，抛开亲情，还会遇到很多的人，这都是一种缘分，如果再有一味叫爱的佐料加入，那么，这就变成了夫妻缘分了。那种没有一点儿血缘关系却密不可分的人，即使再争吵，再有矛盾，也能牵着手奔向同一个方向。因为他们的心在共同的感应下，在缘分的撮合下，已经合二为一了。

所以，珍惜你眼前的爱人吧，多一点的微笑给彼此，多一点的宽容给彼此，多一点的理解给彼此，珍惜上苍给予的缘分，让你们相识、相恋，相伴一生，拥有一颗感恩的心去看世界，你会发现有爱真美，生活真好。而不要等到一切失去了，才后悔莫及。

有这样一对老夫妻。丈夫 77 岁，妻子 73 岁。二十多年前，妻子在他们家没装修好的二楼晒衣服时，不慎一脚踩空掉下去，摔坏了脊椎，从此瘫痪在床。由于老两口的儿子在外工作，女儿又出嫁了，所以，照顾妻子的重担自然就落在了丈夫身上。

丈夫每天都帮妻子洗脸、擦身、梳头，帮妻子揉腿、按脚，天气晴好时，他就抱妻子到门口晒太阳。春夏季节，天气潮湿、炎热，为预防妻子身上长褥疮，他每天都要帮妻子翻身十来次，用温水擦身两次以上。为了给妻子增加营养，丈夫还特意养了四只蛋鸡，把每一个鸡蛋都让给妻子吃。每年过年，丈夫在自己身上舍不得花一分钱，却总要精心为妻子选购一套新衣服。

虽然妻子瘫痪二十多年，但她不仅面色红润、声音洪亮，而且身上没长过一块褥疮，当地的人们不由得啧啧称奇："这简直就是个奇迹……"

没日没夜的操劳，使丈夫显得异常苍老、瘦弱，妻子见了心痛地说："是我拖累了你，要是让我早点儿去……"丈夫一听就生气了："我们是夫妻，我就是你的双腿，不管你变成什么样，我都会陪你一起走。"妻子感动得热泪盈眶。

有人对丈夫说，你这么多年服侍老婆，不厌不烦真不容易呀！他说："我不服侍她，谁来服侍？今生有缘做了夫妻，就要好好珍惜，将来才不会后悔。"

每个人的生命里都会遇到不少人，各种性格，各种不同的人，有几个是你的知音呢？有几个是深爱自己的人？又有几个是你深爱的呢？

茫茫人海中，如果可以找到心仪的、互相真爱的人，真的不容易，也是很大的荣幸，所以一定要好好去珍惜。如果你懂得珍惜，你会发现你获得的越来越多；如果你一味地追求，你会发现你失去的越来越多。爱情只要合理就好，不要过于挑剔，不要相信完美的爱情，其实，有了真挚淳朴，这就足够了。

她和他相爱了两年，感情稳定，很少吵架、拌嘴儿，她喜欢他的浪漫，他的体贴，他的不拘小节。两年后他们走进了结婚的礼堂。

可是，婚后他们总是吵架，全是为了一些琐事。她不断地发现他生活上的坏习惯，他爱穿的裤子总是太短，头发总是太长，下班回家总爱穿鞋跑进客厅，在她擦得干干净净的地板上留下一串难看的脚印。

他是个开大货车的。经常出差。那次，他要去江苏连云港，她知道那个地方盛产天然的水晶，就让他给她带一串水晶项链。

他答应了她，他说好两天就回来的，她一直等啊，一直等到第五天，却等到一串水晶项链和他的噩耗。他的车撞在一棵树上，当场就死了，在他的手里紧紧握着一串项链，几十颗大小水晶中间衬着一颗心形的大水晶，上面刻着他和她的名字，背面还有一个爱字。

有人告诉她这水晶是假的，是合成材料制作的，她发现了。可是，她说："要是那天他能回来，我的发现肯定和你一样，这是一块玻璃。我也会骂他的。但是现在我看到的却是爱。"

说完，她的脸旁滑落两行泪。

有些爱是在粉碎的一刹那开始的，有些人是在失去那一刻才变得重要的。人有时候真的就是这样，失去后才懂得珍惜。拥有的时候，见到的总是玻璃，看不到爱，自己的感情不知不觉会上玻璃的当。其实我们都是那么的不容易，一切都值得去珍惜。

"曾经有一份真挚的感情，摆在我的面前，我没有去珍惜，当失去的时候，才发现人世间最大的痛苦莫过于此。"这句经典电影的台词的确很精彩，也很耐人寻味。人在拥有的时候，往往不知道拥有的可贵，不知道原来寻找的美好感情就在身边，一旦失去的时候，才扼腕叹息。

婚后的生活没有恋爱时那么浪漫，但多了生活的真实。对于步入婚姻的双方来说，要学会宽容和忍耐，珍惜拥有的缘分，相伴走向永远，希望生活中多欢乐，少痛苦；多喜剧，少悲剧……要时刻告诉自己，身边的爱人才是今生最理想的伴侣。只有放下那山的风景，你的心理才会平衡，你的心情才会舒畅，你才能得到这山的关爱，生活才会过得坦然、幸福和洒脱。

要珍惜彼此拥有的那一抹缘分，在懂得爱情的年纪，去感知收获拥有的幸福，不要在爱的权利被剥夺后才回去搜索逝去的回忆。

婚姻无设计，幸福不成活

在中国式的婚礼上，亲朋好友用得最多的祝福语是：白头偕老。然而，白不白头，要看是否有这个基因；偕不偕老，要看婚姻是否能够持久。众人的愿望当然是希望相爱的人，能够一直长相厮守。

然而，很多夫妻在共同生活了一段时间之后，常常对自己有一个疑问。为什么在共同的生活当中总是感觉有这样或那样的不尽如人意？为什么感觉婚后的他对自己越来越冷淡？为什么夫妻间的协调性以及默契从没有在自己身上体现出来？……我的选择真的对吗？

要回答这些问题，首先需要意识到婚姻和其他事情一样也需要设计、经营和呵护。这样婚姻才会幸福和美满。在婚姻中，男和女是一个复句中的两个主语，无论谁在前、谁在后，都要把后面的谓语和宾语组织好。

一对恋人，相爱的原因可能是对方的才气、外表及心灵等，但无论哪种因素使你爱上对方，都需要彼此用心来呵护这段真正的感情。

随着社会的进步和经济的发展，妇女思想解放和婚姻自由的观念越来越被现代社会所接受，中国式“一夫一妻”，“嫁鸡随鸡，嫁狗随狗，嫁个猴子满山走”，“好女不嫁二夫”等这样的传统观念受到了冲击，当代社会年轻人追求个性和自我的生活方式使得离婚率不断地攀升，婚姻的成功率也越来越低。

婚姻是很脆弱的！需要双方互敬互爱、互帮互助、悉心呵护和用心设计，不断地调整彼此的脚步，使爱情之树常青，婚姻才能和谐美满。

婚姻是需要设计的，而设计婚姻这个产品就要有一颗“平常心”。在这个平常心态下，每个人应该学会宽容忍让，学会相互沟通，只有这样，婚姻才会幸福，才会长久。

有一对夫妇结婚多年，妻子还和她的初恋情人有书信往来，丈夫虽为此吃醋，但从未干涉过妻子怀旧的空间，他相信妻子不是“那种人”。一次，丈夫无意中得知妻子的初恋情人来到本地，邀请妻子到他下榻的宾馆叙旧。丈夫便问妻子，妻子实言相告，并征求丈夫的意见。丈夫叫妻子放心地去，并亲自开车把她送到宾馆门口。她在初恋情人面前坦承了丈夫的理解和包容……后来，她和初恋情人在情感上并没有越轨。再如有位女士偶然发现丈夫一直锁着的一个抽屉忘了上锁，抽屉里会不会有什么瞒着自己的秘密呢？拉开抽屉便一目了然。当她的手触到抽屉时，又缩了回来。最终，她没有拉开那个抽屉，她不想因一个抽屉伤害夫妻间的感情，最终这两对夫妻白头到老。

当婚姻出现问题时，精于设计婚姻的女性犹如一个良医，能通过“药物、针剂和手术”等各种途径，祛除婚姻的顽疾，那些应对婚姻危机时束手无策的女人，因不满丈夫对自己的不忠，采取极端的方式，结果往往并不能挽回婚姻，其最终的结局只能是令自己伤痕累累。

试想：假如第一则故事中的丈夫发现妻子的秘密后，横加指责，粗暴干涉，也许并不能断绝妻子的怀旧之心，反而会使夫妻之间的心里距离越拉越远。假如第二则故事中的女士拉开那个抽屉，她也许会陷入到无休止的猜忌之中，家庭从此将失去安宁，可能各奔东西。

幸福的家庭是用心设计出来的，婚姻是一个漫长的过程，它不是永恒，它随时有可能坍塌，它很脆弱，更需要彼此的精心照料，用心去浇灌、去滋润。

婚姻不能单纯地把它交给时间，让时间去检验它的花期，或者任由其自生自灭。而如果不去用心设计，便也只能灭亡。

第三部分

发掘优质男,到有鱼的地方钓鱼

第三章

告别单身，不做剩女

有人说，男人三十一朵花，女人三十豆腐渣。这样说未免残忍，但是，对女人而言，青春韶华就是一种不易保存的“消耗品”，如果长时间还没找到爱情的出路，就成了“剩女”。看到身边的朋友一个个都在无名指上套上指环，自己仍是形单影只地独守空房，心里的不甘造成了对爱情和婚姻的急切盼望，开始担心自己有朝一日会成为老大难。

“剩女”是现代社会对大龄未婚女性的别称，之所以女大不嫁，并非被人挑剩，也并非不渴望婚姻，多半是当前社会急剧变迁下张扬的个性所致。其实，每个人的身上，都有一个负责恋爱的“开关”，拜托那些总是抱怨自己单身的女人，把“开关”先从“Off”拨到“On”上面。对想谈恋爱的人来说，恋爱“开关”必须随时随地都打开，以便发射或接收各种可能的信息，否则即便哪天姻缘从天而降，恐怕也会因为处于“关机”状态而错失。

晓春，31岁，一家大公司的销售总监。大学毕业后，从最基层的生产线实习生到部门主管，再被调到销售部，晓春收获了丰厚的薪水，也收获了突如其来的初恋。就在晓春年底忙着冲刺业务量时，传出了男朋友和一个实习生的风言风语。那一年晓春得到了公司的年度贡献奖，也独自承受着分手的痛苦。

在销售行业摸爬滚打这些年，晓春不是没遇过称心的男人。“可能因为受过伤，就会近情心怯，男人很现实，他不可能一直等待下去。”曾经有过几位年龄比晓春小的异性向她示好，只是想到曾经的伤害和未来的结果，她果断地让他们死心了。浩是晓春到现在觉得最适合的结婚对象。“我们在飞机上遇到，相识的过程就像拍连续剧，浪漫的开始让麻木的我终于感觉到了心动。”晓春觉得在恋爱中强势才能掌握主动权，可惜，浩也是强势的。过了 30 岁的晓春觉得不能让浩从自己手中失去，她果断地改了自己的性子，变成了一个柔情似水的女人。晓春说，自己和浩走进婚姻殿堂后感觉很幸福，找个合适的男人不容易，遇上了，就要好好把握。

总以为，不依靠男人就是女强人。可当自己终于舍得歇下脚时，却突然发现关于爱情，已错过了太多。身边的男人对自己除了欣赏外，没有其他的兴趣。于是才明白，其实对于爱情，女强人是没有附加值的。

因此，急于结束单身生活的剩女们，建议你们放慢寻找另一半的脚步，否则有时会做出错误的选择。先要把自己变成可爱的女人，丰富自己的生活情趣，把爱流露。因为情感是相互呼应的，这样才会激发男性呵护、爱慕自己的欲望。否则你在男人眼里只是工作上的伙伴，别人只能用欣赏的眼光看待你，而不是爱慕的眼光。

而那些觉得自己条件好，一心想找个比自己条件更好的女性朋友，表面上看，她们拒绝条件比自己差的，或是离了婚的男性，潜意识里她们是担心自己被拒绝，对情感没有信心。因为一直在寻找完美男人，她们忽略甚至没有发展自己的情感，不知如何经营一份情感，而是一味地逃避。因此建议这类女性朋友首先要正确培养自己的生活情趣，更加理性地看待生活，同时也要转变价值观。

爱情是什么？婚姻是什么？其实有的时候你自己都不知道它们是什么，但它们一定是心与心的交流、爱与爱的碰撞。

所以，女性朋友，要让男人们了解我们心中最朴素本性的爱的需求，就忘掉矜持和老于世故吧，这样就能轻而易举地掳获男人的目光。

幸福不能一拖再拖，今天我要嫁给谁

亦舒的小说中写过：女人年纪越大，仿佛是套牢的股票，是越来越贬值的。

嫁一个什么样的男人，成为女人们的最大困惑之一。嫁出去，也许总感觉理想的爱情还没有来到，日后一旦遇到真正的怦然心动的人，再悔之晚矣；而不嫁的女人，总是为婚姻市场上流行的一句话而心惊肉跳：二十岁是个宝，三十岁是根草，三十岁之后就没人要了。看来，女人要想嫁个好男人，还得尽快行动才好。

尽管每个女人都期盼遇上个善解人意、宽厚从容、感情专一、有经济基础和英俊潇洒的“极品男人”，但这样的男人却比恐龙还难找，即使找到了，也可能早已是别人的了。考核男人无外乎从收入、性情和人品等几个方面考虑，选择符合以下条件的男人，是幸福的开始。

首先，说说脾气。好脾气是修来的，好男人的脾气更是没话说，在单位任劳任怨，每次年终考评总有数不完的好评语，提拔没份儿也依然不恼不急。这样的男人虽然没有所谓的前途，可想想将来你希望与谁厮守，在一起过平淡安稳的日子，生活中不要那些风雨波折，这样想想，也许你会放弃那些固有的无谓坚持。

其次，说说钱财。如果男人是穷光蛋，屋没一间，车没一辆，上街买菜得摸着钱思谋半天，长时间在贫苦中挣扎，“抠门儿”指数比一般人多出百倍，那日子肯定不好过。这年月，男人就该有银子才对，自个儿潇洒，太太跟着也风光，吃香的喝辣的，穿黄的戴白的，赏稀的看奇的……然而不幸也正缘于此，若是这款爷一路潇洒，行云流水忘了回家的路，岂不叫你一轮孤月望寒窗，一汪涩泪泡苦心？现实社会有钱几乎等于有能力和运气，一个男人如果能力和运气都极佳，必定在很多方面都会纵容自己，当然包括择妻选偶。嫁给这种男人，一生时时刻刻都要提心吊胆，分分秒秒都有下岗危机！久贫乍富的不能嫁，就算是性情中人，可“男人有钱就变坏”，看不住，管不了，防不胜防，也不好办。所以，“中派”好男人应该是既要衣食无忧，又不能富得流油。

再次，说到相貌，“武大郎”是不能嫁的，人丑窝囊，横竖没个出息。但一个女人若能嫁给一个帅男人也非上上之策。嫁给帅哥，显然是自取灭亡。帅哥就算有心一生只爱你一人，也顶不住别的女人不管不顾的爱心奉献。帅哥长得帅，艳遇来得快，快得叫你斩不尽杀不绝，春风吹又生，最后你的婚姻就成了一场你方唱罢我登场的闹剧。

最后，谈到情调，才子佳人倒是情笃意挚，生死相许，风月之下偎着拥着，地狱天堂一步之遥，死也死得，然而佳人们终究没几个想去死的，要居家过日子，却不能不犯了踌躇：这种人是只会种情爱不会种稻子，诗意泛滥而粮草不足，风雅而穷酸是不能当饭吃的。可见，此类人还是中爱不中嫁……

台湾漫画家朱德庸论女人：女人如果不性感，就要感性；

如果没有感性，就要理性。不能嫁的男人太多太多，能嫁的男人又太少太少。有的事情看来只能退而求其次。实在找不到能嫁的男人，那么能嫁的条件就应该从“且”改成“或”。爱你所爱，嫁你所爱。只要有爱，只要两情相悦，穿过岁月的风风雨雨你会明白些什么的：爱，不是演电影，有滋味地爱过来，真谛也就在其中了。

徘徊已久，许多女人还是爱了、嫁了，明天是自己的，幸福就是选择，你还等什么？今天，就嫁了吧。

发掘优质男，到有鱼的地方去钓鱼

韩剧《我叫金三顺》中，金三顺曾这样感叹自己的爱情："30 岁的女人在街上遇到恋人的可能性比在街上遇到原子弹的概率还小。"可是，这样一个"大隐隐于市"的平凡胖女人，却遇到了英俊的振轩王子，赢得了美丽的爱情。

而剧中的张领班却只能和一众女同事借酒浇愁，分析她们找不到白马王子的理由：

1. 好男人都长得丑！

2. 帅男人人又不好！

3. 又帅又好的男人都结婚了！

4. 又帅又好又没有结婚的男人没能力！

5. 又帅又好又没有结婚又有钱的男人对我们没兴趣！

6. 又帅又好又没有结婚又有钱的男人还对我们感兴趣的男人都是花花公子！

7. 又帅又好又没有结婚又有钱的男人又对我们感兴趣还不花心的男人是同性恋！

现实生活中，女人的时间被事业占据，鲜有寻觅爱情伴侣的时间，故而许多女人都在哀叹："好男人都到哪里去了？"又或者抱怨："我的工作性质不容易碰到男人。"

其实，主要是女人没有选对寻觅优质男的场所，一味地在鸡群里转悠，是注定寻不到凤凰的。钓鱼当然要到有鱼的地方，那么，哪些场合才是优质男的出没地呢？

（1）“红娘”饭局

相信许多的单身女人都有过这样的经历：朋友为撮合你和某某男而故意安排一场饭局，这就是“红娘”饭局。朋友的朋友——这是大多数人遇到他们终身伴侣的方式。如果你只是单方面对他有好感，但是没怎么跟他说过话，不要不好意思，马上让你的朋友帮你安排一次见面。

（2）婚礼

婚礼也是一个绝佳的认识优质男的场所，许多女人就在此处偶遇了自己的另一半。在这样一个甜蜜温馨的场合，当你看中一个优质男，你能很容易找到中间人帮你介绍，这大大提高了爱情的成功率。

当结婚进行曲响起的时候，恐怕没有一个女人不会眼含热泪、充满憧憬。而在两情相悦、终成眷属的童话面前，恐怕也少有男人可以轻易拒绝恋爱的幸福和对家的需要。婚礼就是一个有魔力的场所，爱的荷尔蒙在空气中传播，闪烁着星星一样梦幻的光彩和玫瑰花的香气。置身于这样的地方，谁能忍得住拒绝爱的传播，谱写情感的美妙乐章？

婚礼是两个家族为了结合和延续而欢呼的场合，是两个人爱情的见证，也是一个新的小家成立的宣告。所有年少时候的梦想在此刻最接近理想中的童话。谁又能错过这个美梦成真的机会呢？而且在一个亲戚朋友相聚的场合，如果看上顺眼的对象，很容易就能够找到中间人帮你介绍，这比在公共场合撞大运的成功率高上无数倍，几乎可以达到百分之百，你所喜欢的，你所梦想的都不会错过，也不会落空。这样的地方，完全称得上是单身女人的猎爱圣殿。

但是，也有要注意的地方，尤其是当婚礼结束，从弥散着荷尔蒙的地方回到一个人的住处，慢慢地冷静下来之后，你对自己当初的选择会不会后悔？你在刚才做出的选择是因为爱上了那个人，还是因为爱上了那种爱情的氛围？激情是爱的必需品，但一旦错解为冲动，就只会给自己带来不必要的麻烦和误会。

（3）家庭聚会

在我们的生活中，总会有那么一些婚姻幸福的家庭喜欢组织家庭聚会，他们热衷于把这种快乐和幸福的感觉带给身边的朋友，他们喜欢撮合身边那些条件不错却单身的好友。女人在这种场合认识你钟爱的优质男，可靠性极高。

在家庭聚会这样温馨的环境中，即使有些男人不是很想结婚或者不急于寻找伴侣，也会因为受到家庭和谐场景的刺激而怦然心动，渴望也过上这样平静美满的生活。此时主人给予的刺激就像一双无形的手推了一把，怂恿着两个人走向同一个目标。在家庭聚会上认识男友还有一个好处，就是如果两人争吵或者发生误会，可以有一个中间人来帮忙沟通和疏导，消除误会，劝解和好。

但是，在家庭聚会上结识了优秀的男士，一旦在相处一段之后，两个人都觉得不太合适，要分开的时候，很可能让介绍两人认识的夫妻觉得尴尬。甚至在以后的聚会上，会有一方因为避忌对方而缺席，这样就会使得从前百无禁忌、融洽和谐的朋友关系被打破，造成一些遗憾。

（4）老同学聚会

多年以后，当你参加同学聚会时，突然发现原来班上毫不起眼的某某男，突然变身成功，成为新时代的单身优质男。你可以从回忆开始，渐渐向他的心靠近。幸福兜兜转转，转了一个圈，又回到了原点。

（5）高级写字楼

在拎着手提电脑，身着高级西装，行色匆匆地出没于高级写字楼的白领中，也有一些是不能错过的优质男。这些男人，他们的社会地位已彰显出他们的优质男身份，他们大多事业成功，精神世界丰富，性格稳重又不失活跃，几乎是优质男的最佳代表。

但是，这样的男人很可能因为在职场摸爬滚打太多年，见过了太多的尔虞我诈，所以对人性总是怀有不信任的态度。因此要想进入他的生活，打开他的心扉并不是一件容易的事情。同时，因为他的朋友遍布五湖四海，因此对自由的热爱也远超过对家的眷恋，你必须给他充分的空间去飞翔，否则他会因为害怕受到拘束，反而远走高飞离开你。而且，他的高收入也是用高度紧张的工作强度换来的，你必须接受他加班，接受他因为压力太大而发脾气，接受他的烦躁和抱怨。一个能够无条件包容和接纳他的温柔女子更能一击而中，让他觉得不受约束，瞬间爱上你。

（6）健身房

如果你是一个热衷于运动健身的女人，如果你多注意出没健身房的男人们，或许一不小心就遇到了你的白马王子。当你锁定你心仪的优质男，就可以借运动之名接触他，逐步建立起亲密的恋情来。

嘉嘉每周固定在某个健身房跑步和练习瑜伽。在跑步机上的时候，她透过落地窗，看见楼下开来一辆名车，从车上下来一个衣冠楚楚的男士。等暖身完毕，开始瑜伽学习时，她发现那位男士也在教室里，但是换上了运动装。于是，她偷偷地换到那名男士身边，近距离观察。当练习中，有需要两人互相帮忙时，她主动向男士询问是否可以搭伴，通过身体接触和闲谈，进一步稳固了友谊。从那以后他们相约每周一起健身。半年之后，亲密的运动伙伴发展成为了恋人。

在健身房搜寻挚爱的一个前提是，你也是一个热衷于健身的女子，这样你才能在打量男士的时候，不会显得突兀和显眼。现代都市中，健身已经成为了时尚，许多人甚至会开着私家车前往健身场所，再到跑步机上跑步。有强健匀称的身材已经成了财富之外许多人梦寐的追求，身体好，才有更多资本去享受财富带来的快乐。

但是，在健身房，如果要找个靠谱的男人，尤其应该警惕那些引诱女性的小白脸和肌肉男。不要为“男色”一时迷惑了心窍，赔了金钱和时间。

（7）文化场所

女人希望心仪的那个他是自己的“灵魂伴侣”，能和自己心灵契合，言谈默契。要想找到这样的优质男，女人应该多去剧院、歌舞剧院、美术馆、博物馆和音乐厅等文化场所，在熏陶自己的文化气质的同时，又能提高结识灵魂伴侣的概率，何乐而不为?

首先，这些地方的消费不算低，出现在这些场合的男士愿意在精神上投资，也一定喜欢看书，重视思想的更新和沟通；其次，能够有余力参加这些活动的男士即使不是腰缠万贯，也是能够维持比较稳定的生活水平，至少不会为柴米油盐无端地烦恼；最后，看同一主题的展览，或是看同一风格的演出，至少可以说明在审美趣味和鉴赏水平上，两个人是志同道合的，这样也有更多的话题能够深入探讨。

但是，在这些场合需要注意的是，很可能有些人是因为附庸风雅而过来沾一些文化之气的；或者是为了卖弄学识，而到此搬弄口舌，借此显摆的。要分辨一个人是真有文化还是装有文化，少不了的就是自己肚子里应该有几两墨水，才能在闲聊中察觉出对方的底细。

（8）高等学府

在一些知名的高等学府里，积聚了大批的优质男，他们都是凭借自己优秀的学识才干，最终踏进这些荣耀之门的。他们的身上闪耀着高学历、心思纯、人脉通和身份显等优点，这都是一只优秀的潜力股的象征。

心思纯。学生和社会打交道的机会毕竟不多，也不太经常看见社会上钩心斗角、追名逐利的一面，他们对人心还怀着良善的看法，自己也能够心无城府地对待他人。

人脉通。这个人脉不是指已有的社会关系，而是指同在学校的同学将来可能会身居高位或者万贯缠身，在若干年之后，颇可以借助老同学的关系达成很多目的。

身份显。在国外，有许多大学是身份的象征，一旦进入，就代表进入了一个阶层或者联盟。比如，美国的常春藤大学联盟，它的学费昂贵，入学标准也十分严格，录取的学生不但品学兼优，而且他们的能力和特长也会受到特别重视。

所以，如果有在名牌大学进修或者参观的机会，不要错过搜寻自习室里、球场上或小礼堂中的好男儿。在名牌大学寻找好男人，是一场对潜力股的投资，全凭你的眼力、耐心和调教。

（9）慈善活动

在以慈善为主题的聚会活动中，总会出现一些善良而慷慨的优质男。找一个这样的优质男，就等于掌握了一份宝贵的美德财富，和这样的男人共度人生，你的爱情生活必定甜蜜而温馨。

热爱旅游的女人，你或许能在某个旅游胜地邂逅你的爱情；钟情于酒吧情调的女人，你或许会在浅斟低酌时遇见你心仪的那个他。

女人，到有鱼的地方去钓鱼，用你的眼睛去搜索，你就会发现，或许优质男就在你身边。

择偶价值周期表，不得不看的追爱定律

万事万物皆有定律，爱情也不例外。女人要想顺利地追上心仪的优质男，就要精心设计追爱策略，首先要分析自身的情况，择偶价值周期表你不能不知道。

璞玉期：16～22 岁

人们常说，16 岁的花季，17 岁的雨季。当女人步入 16 岁，女人的美丽含苞待放，芳香悄悄蔓延开。紧随着女人步入 17 岁，迎来了雨季，滋润着女人之花越发美丽芬芳。从 16 岁到 22 岁，这是一个少女向女人变身的过渡时期，懵懵懂懂的她们初次因男生心悸，初次品尝爱的甜蜜，单纯地快乐着。她们是璞玉，未经打磨，却有着内在浑然天成的美。如果能够幸运地遇上珍惜的人来开发她内在的光彩，一定会激发出耀眼的光芒。单纯让她们分外美丽，却也可能因错择情缘而痛苦，甚至留下一生都难以抹去的心灵伤痛。单纯而不“单蠢”，才能让这个时期的女孩迎来童话般的爱情。

黄金期：23～25 岁

走出了璞玉般纯净的少女季节，女人步入了 23～25 岁的黄金时期，迎来了女人之花热烈绽放的世界。少女时期的美，尽管纯净却略显稚嫩，而一旦过了 25 岁，女人的身体条件逐渐走下坡路，外在之美开始流失。也只有这一时期的女人，才能担当起《登徒子好色赋》中所说的“增之一分则太长，减之一分则太短。着粉则太白，施朱则太赤。眉如翠羽，肌如白雪。腰如束素，齿如含贝”。在女人这最美丽的时期，何不据“天时地利”之优势，发挥“人和”精神，牢牢锁住一个优质男？

珍珠期：26 ~ 29 岁

女人一过 25 岁，身体的各个器官开始衰败，外在之美逐渐褪色，黄金时期的辉煌难再，但在其后的两三年内，女人的美丽也不至于衰退得太厉害，没有黄金的光彩夺目，还有珍珠的莹莹光芒。故此，26 ~ 29 岁，被称为女人的珍珠期。这个时期的女人，已经经历过一些感情的挫折与伤痛，岁月的磨炼让她们散发出一种温润成熟的美感，一如从蚌壳中痛苦孕育的珍珠一般温婉润泽。这样的美丽最能刺激男人对女人的呵护欲望，会对她许下厮守一生的诺言。

青铜期：30 ~ 34 岁

当女人在珍珠期未能寻找到一个优质男和自己共入婚姻殿堂，就似乎由珍珠一下子掉价成了青铜。30 ~ 34 岁，被称为女人的青铜期，因为此时的她们不再光鲜，不再抢眼，而是抹上了一层岁月的痕迹，轻易掩饰不了眉梢眼角的疲态和沧桑。无论是女人自己还是她们身边的男人都开始接受一个事实：这个女人确实开始老了。尽管这个时期的女人内在美越来越突出，越来越睿智，但懂得欣赏这种丰富心灵世界的单身男人却是“凤毛麟角”。这个时期想要获得幸福的爱情，女人也该反省一下自己的择爱标准，适当调整，才能抓住一个“漏网之鱼”的优质男。

瓷器期：35 ~ 38 岁

当女人过了 35 岁，她们已经渐渐看淡了爱情，反而能够放慢脚步，享受生活。这时，女人被宣告进入了35～38岁的瓷器期，她们内在的修养和气度能够通过举手投足透露出来，在她们的面容上笼罩一层光亮。此时的女人仿若上好的瓷器一般精致、华贵，足以配得上上好的铁观音，也能够盛放香浓的现磨咖啡。这种知性的美丽反而能够吸引到诸多男子，让男人怦然心动。

古董期：39岁以后

当女人的单身生涯步入了39岁，心里已经开始享受单身生活，许多女人已经做好了孤身一人的打算。她们不再为相亲疲于奔波，也不再为男人刻意打扮，也不再重视他人的流言蜚语，在自己的世界里活得逍遥自在。在恋爱的跑道上，这个时期女人开始彻底地放慢脚步，因为她们已经进入了身价不菲的古董期，越来越昂贵，也越来越敝帚自珍。男人们不会像寻求猎物一样盯着这个年龄的女人看，但是只要能遇上就是一种缘分。这时，男人看重女人的是内在，是心灵的契合和灵魂的共鸣，就像一个收藏家遇见了心仪的古玩，那种心心相通的喜悦是难以言表的。

追爱的途中，女性朋友不能光顾着迎合优质男的喜好，不能光顾着释放自己的光鲜美丽，也要注意把握好自己的择偶周期，选择在最有价值的那个时期，释放出极致的美丽，吸引住男人的心，顺利进入爱情的国度。

准确把握钓鱼的季节和时机，上钩的时候果断收竿，这条鱼怎么能逃过准备充足的你呢？

单身这么久，谁能帮你搭鹊桥

一个人单身的时间越来越长，来为你终身大事困扰的热心人也越来越多。爱情靠什么，给你牵红线的月老、红娘也是关键。可是，不一定所有的人都适合担当你的月老、红娘这个角色，而且不同的人需要搭鹊桥的人也不同。如果想尽早脱离单身的行列，那么你一定要知道谁才是你生命当中最佳的月老、红娘。

那么，在生活中什么样的红娘才是适合给你牵线搭桥的人呢？

如果你的性格内向不善交际，即使有着千百优点，别人也会难以了解你，不会表达自己是你在爱情路上的最大一个障碍。如果要想获得异性们的青睐，你需要找到一个懂得推销你的人，那些交友广阔、善于言辞的朋友将会是你身边的最佳红娘。只要你把你对人的要求告诉他们，他们就绝对有办法帮你找到合你心意的另一半。

如果你的交际圈子过于狭窄，认识的人要么有了自己的另一半，要么就是不太符合你的要求，在认识的人之中寻求目标几乎是不可能的事情。在这种状态下，专业的交友机构便是你的最佳红娘。不过，在交往的时候你可要胆大心细，既要勇敢地寻找对象，又要小心地行事，千万不能因为想找到意中人而被一些居心叵测的骗子所蒙骗。

如果你对爱情有着很美好的憧憬，常常幻想自己拥有一个完美情人。不管别人怎样介绍优秀的人给你，你都会觉得他们少了一点你心中所想到的恋人特质。那些跟你思想相通和话题相近的朋友才可以转变你的观念，为你的爱情铺开一条康庄大道。因此，你需要的将不仅是帮你介绍对象的人，而是能够帮你转变观念的红娘。

你的性格活泼外向，有很多时候不太注意自己的形象，容易给人留下轻浮随便的印象，其实就算有人从中牵线，也难以找到真心待你的人。要想打破单身，你需要一位为人可靠老实的红娘，在心仪的异性面前为你平反，积极帮你做推销，那你才会有机会俘获暗恋对象的心。不然，你的爱情之路将会变得崎岖而坎坷。

假如优柔寡断是你在爱情当中表现突出的地方。那么，对另一半没有太高的要求，只凭感觉找对象，常常举棋不定的你需要一位有决断力的红娘，当出现选择的时候显得不够决断，既耽误别人也耽误自己。红娘在为你提供有益建议的同时，还会懂得帮你筛选值得你去投资的优质恋人。

你独立自主，爱情在你生命中所占据的位置并不重要，在寻找对象的过程中，你也很容易给人留下一种冷硬的感觉，表现出不解风情的样子。而结婚生子仿佛也让人觉得只是为了完成一项不可推卸的任务。因此，你一定要找有丰富恋爱经验的朋友来当你的红娘，这样你才会真正体会到爱情的百般滋味。

默默今年28岁了，她属于那种不解风情的女人，当初和她相处的男朋友最终都是带着埋怨之气离开的。约会的时候她会一直讲工作，别人开玩笑的时候，她也一脸冷静。之后就再没有男孩子愿意找她做女朋友了。更有甚者还放言说："谁找默默当女朋友除非是想不开了！"

默默之后就没了动静，我们以为她受了伤害，独自疗伤去了，结果半个月后，默默突然出现了，后面还跟着一个无敌小帅哥。其实，默默这几个星期都是去相亲了，她有个好红娘，因为红娘把她的缺点变为了优点，男孩也正是看重了默默这份真诚才和她在一起的。现在的他们已经结了婚，并且有了个可爱的宝宝。默默每次约会的时候，他就是笑笑，最后这样的状况竟成了两个人之间最美的语言。这令当初说默默的那些男生都哑口无言。

每个女人的背后都有一个值得依靠的男人，而怎样遇到这样一个男人是每个女人都想要知道的，那么你身边就必不可少地需要一个红娘帮你牵线搭桥了。红娘并不好做，一个能将你的婚姻变成童话的红娘是每个人都需要的，学着找准红娘也就随时把握住了一份好的爱情。

崔莺莺和张生佳偶天成，也离不开红娘的牵线，为了自己终身的幸福，在找你的另一半之前，先找个红娘吧。

网上寻爱，下载一个“优质男”

天涯网上，一个叫“微酸女郎”的网友这样写道：“2008年6月，本人光荣地成为国家承认的黄脸婆。兜子里揣上了传说中的结婚证书，从此正式脱离了剩女队伍。但是说到这爱情，本人的确是有一大篇的血泪历史。而现在的可爱老公，是自己不懈‘战斗’的重要成果。”其实，更确切地说，“微酸女郎”的老公是她从网上“下载”的。

从22岁拥有第一份爱情的“微酸女郎”，历经了多次恋爱，但结果却不尽如人意，渐渐的她成为各大婚恋网站的常客。某一天，“微酸女郎”又照常登录某婚恋网站，随便浏览了一下首页，那网站有个光荣榜的设置，交了钱后，就成为VIP会员，可以在光荣榜上光荣地待上那么几天，以供万千寻爱者瞻仰膜拜。她的目光被光荣榜上的一位男士吸引，他的网名居然叫“微辣”，哈哈。她在心里暗想：我是微酸，他是微辣，难道这里是调味铺子不成？

冲着这个网名，“微酸女郎”发了条消息过去：“你好，可以认识吗，看到你的自我介绍，我觉得你是个很热心的人。”

没过五分钟，对方就回复了：“你好，很高兴认识你。”

“微酸女郎”没想到他居然在线，她有点儿意外，不过暗自认为这是个好的开始。随后，他们加了各自的QQ号，开始聊天，他是个有趣的人，言辞很有分寸，而且知识面比较广泛。话题说了一个又一个，他们聊得很开心，“微酸女郎”已经很久没有和人聊得这样投缘。

他说：“有人把男人比作泥，把女人比作水，那么结婚后，混合在一起就成了一塌糊涂的泥水，这个问题你怎么看啊？”

“微酸女郎”说：“这是个顺序问题，如果说男人领导女人，那么男在女前，婚姻就成了混浊的泥水，但是如果女人领导男人，那么女在男前，婚姻就成了坚固的水泥。”

他说：“你真是个歪理大王，不过很可爱。”

“微酸女郎”笑：“是吗，那你要我领导你吗？”

他正色：“好的，这可是你说的，我求之不得。”

“微酸女郎”笑笑，心里甜滋滋的。

就这样，“微酸女郎”和这个男人从网上走到了网下，从朋友变成了恋人，走进了婚姻的殿堂。

如果没有网络，这场风花雪月的浪漫故事就不会发生；如果没有网络，这段惊魂动魄的缠绵情缘就不会出现。在网络这个自由而空灵的舞台，人们的情感肆意张扬，缤纷绚烂。在网上我们都曾是一个过客，是谁的一个笑脸，是谁的一句话语让你从此驻足，你为了什么而感动，这就是网络情缘。现实生活中，很多人都戴着虚假的面具，很少在别人面前流露自己的真情实感与内心想法，缺少倾诉的生活让许多人觉得身心疲惫。而在网络世界中，对着电脑，少了许多的压力，我们可以抛开所有的伪装，在这里用坦然的文字与人进行交流，这样的交流又让心与心的距离拉得更近，在情感的世界中毫无保留地释放着自己的情愫，给了我们一个自由的空间做回真实的自己，或许你命中注定的那个他就这样与你相遇。

然而，仅仅存于网上的爱情是虚无缥缈的，但可以将爱情从网络走进现实生活，将网络当作一个美丽的过渡，把甜蜜和幸福迎进真实的幸福中来。

从现在开始，开启你的网上寻爱之旅，“下载”一个属于你的优质男，让婚姻从网络走进现实。

如果剩得无奈，请拿出相亲姿态

不要再以为相亲是 20 世纪的事情了。如果你希望能够早点儿结婚，既没有合适的对象，又没有足够的渠道去认识新朋友，那么相亲会是你通往婚姻的捷径。

其实，现在相亲的渠道很多，通过亲戚朋友介绍，安排两个条件相当的男女碰面，是一种相亲；去婚姻介绍所登记，当有符合你的要求的对象出现的时候安排见面，是一种相亲；在网上发帖征友，先跟前来应征的人聊天，觉得感觉对了的时候再见面，也是一种相亲。所以相亲是一件很普遍、很简单的事情，不必对此看得太隆重，不用抱着抗拒或者犹豫的态度。

相亲相亲，不相不亲。有缘千里来相会，或许美好的恋情就是在你勇敢迈出第一步的时候出现。最适合你的对象不知道什么时候会出现，所以“宁可错见三千，不可放过一个”。相亲，就等于是一种众里寻他的排查，爱情，正如电影《一百零一次求婚》一样，即使有一百次失败，也会有第一百零一次的成功。

可是，现在在相亲族中却出现了两极分化，有的人畏畏缩缩，始终不肯踏上相亲的道路；也有的人一周一相，甚至一周数相，见了不下数十个对象，却没有找到一个有感觉，认为可以继续发展的伴侣。

周女士就是一个专业相亲族。她注册了四五家免费婚介网的会员，还在三所付费的婚介所存有资料。基本上每个礼拜她都要见至少两个对象。但是已经见过了大概一百个男性了，她还没有找到一个中意的对象。她很无奈地说，自己已经把相亲看作是普通的认识朋友的手段了。她自嘲说："我现在已经是我们婚介所的专业婚托了。"

那么，如果想要大幅度地提高相亲成功的概率，早日追求到幸福，应该注意哪些细节呢？

要仔细考察介绍人。介绍人最好是了解你的人，这样才能够了解你的情况和基本要求，帮忙介绍最适合你的对象。介绍人可以是亲友，但最好不要和你有直接利益瓜葛，否则万一两人见面不合适，或者恋爱、结婚的过程中出现问题时，容易怪罪到介绍人头上。

见面前应该先了解对方的基本情况。如果对方存在一些你不能容忍的硬伤，那么不用浪费时间见面，当即可以考虑出局。事先需要关注的对方硬件包括身高、相貌、工作、经济情况、婚姻状况和家庭成员情况等，而性格和兴趣爱好等方面的"软件"也是知道得越多越好。对他的情况掌握得越多，越能够让你在和他见面的时候心里有数，不至于因为太过陌生而表现失常。

单位的大姐知道囡囡还没有对象，于是张罗着要为她介绍对象。囡囡不好意思拒绝，于是就按照大姐所说的，在下班后到公园去见面。

可是一到公园指定的长椅旁，囡囡就后悔了，因为坐在椅子上的是一个身高不足一米七，瘦弱清秀的男性。囡囡身高一米六七，而且体型很壮实，和相亲对象走在一起，就跟大姐姐带着小弟弟一样。

囡囡很后悔自己一开始因为害羞，没有把自己需要的条件跟大姐说清楚，要不然也不用面对这一场尴尬的相亲。

告诉对方你的情况时，要留一个心眼儿。假设你的综合指数是 10 分，但是应该有所保留，只告诉对方你的 7 分情况。因为第一是要善于藏拙，如果让对方对你抱着太高的期望，见面的时候反而更加容易因为没有达到预期，而产生心理落差。如果对方只是抱着平常心来认识你，当发现你比他想象中还要优秀得体的时候，会比你一开始就抖出 10 分要增加更多的印象分；第二是太高的门槛会把许多出色但是缺少自信的男士挡在门外。这样会让你错过更多合适的对象。

相亲之前要把自己调整到最佳状态，不仅应该精心打扮，换上最能够展示自己最美的一面的服装，还应该找几件开心的事情，让自己保持轻松、开放、坦诚的心态。良好的精神面貌和端庄的仪态会为你争取到更多的印象分。

某大城市相亲网站上作了一个问卷调查，问："如果你经过多次相亲，对方对你皆没有意思，你会觉得自尊心受伤害吗?"网民投票统计的结果显示：60% 的人觉得很受伤害，22% 的人表示无所谓。被访者中，能坚持多次的"相亲达人"都有一个共识："相亲失败很正常，人家看不上你，你也会看不上人家，正确的心态是向前看!"频繁相亲近一年的客户主管关小姐说：“自尊心太强的最好就不要出来相亲!”

还有被访者表示，没有必要把相亲和自尊心绑在一起。虽然相亲的人往往带着具体的条件，“硬件”较差的人很可能很快会被淘汰掉，但是自己也应该摆正心态，大家出来相亲直接说明“硬件”要求也是为了双方好，省去含蓄打探的过程。如果每个人正确认识自己，理解对方的合理要求，成不成也是自然的结果，不必涉及自尊心。太自以为是、瞧不起人的人，大可随他去，因为多数只会以碰壁收场。

相亲的低成本带来的是高风险。有风险，是因为相亲不一定会找到你心仪的对象，而你看上的对象也不一定会看中你。还有可能两个人都觉得差异太大，所以整个相亲过程气氛尴尬。面对这种情况，不必太计较相亲的结果，毕竟谁都没有错。

相亲失败是一件很正常的事情，既然在二十多年的人生里遇到的那么多人，都没有一个是我们的“真命天子”，那么也不要把全部希望寄托在短时间的突击相亲上。更没有必要把相亲跟“面子”、“自尊心”捆绑在一起，去相亲不代表没有面子，相亲失败也不意味着自尊受损，这只是一个现代人的交友方式，可以不断去尝试认识新朋友，却不要妄想一次就捕到大鱼。

如果爱情是一盘菜，那么相亲就是一种烹饪技法。相亲能被人类沿用至今，自有其价值。对待相亲这回事，最理智的态度就是保持平常心，不排斥也不寄予厚望。

再多次的心动，也不如一次行动

“女人的追求其实只是用行动告诉这个男人，请你追求我！意思是拉开架势，垂下鱼线，愿者上钩而已。”知名作家张小娴这段话恰到好处地说出了女人的心声——遇上你是我的缘！所以要让这种难得的缘分良性发展，作为女性的你应该既要矜持，也要主动出击！

如果你遇见了心仪之人，心中激情燃烧，尽管你蠢蠢欲动，而他却从没有放在心上，更没有主动约你，说明他行为的潜台词就是——他并不喜欢你。这时你要么“快刀斩乱麻”，果断放弃；要么理智分析你们在一起的可能性。

男人大多以事业为重，对自己的职业规划会很清晰，方向明确，做事果断利落。但很多时候面对感情问题却像个木头，嗅觉功能似乎也退化了，甚至变得麻木不堪。因此他们往往容易忽视女人给他的爱情暗示，更不会注意自己内心已经发生的某些化学变化，任你们暧昧的关系发酵着却毫不理会。

但是，如果你一旦确定你们之间真实地发生着化学反应，而且还在不断地深化，那么此时如果你还只是一味地等待，就注定与你的爱情失之交臂了。但是如果能适时加入一点“催化剂”，那么你们的爱情就有可能修成正果。当然，这里的

“催化剂”可不是要你直截了当、单刀直入式的告白，而是“天时地利人和”的多方因素配合下的“循循善诱”，让他情不自禁地按照你设计的思路步步深入，直到你把他追到手后，还会让他觉得是他经过千辛万苦才抱得美人归的。而这也正如张小娴所说，即使那条鱼是龙王三太子，你也要保持钓鱼者的矜持与高贵。女追男，限百米。倒追没问题，但是一定要把握好这个度，千万不能死皮赖脸地追，而要时刻提醒自己是个女人，要矜持而智慧地去完成自己的心愿。直接表白可能会吓跑他，但若矜持对待，委婉暗示则会收到意想不到的效果。即使经过一番努力，还是发现“落花有意流水无情”，自己也不会因此而下不了台。如果你能在关键时刻巧施妙计，就可以将他牢牢地掌控在自己的手中。

小倩喜欢上了她的一位客户。有一回见面本来约好三点，但是那个男人临时有事推迟了一个小时，他们谈完已经到了晚饭时间。男人说，不好意思让你久等了，不如我请你吃饭赔罪吧。小倩压抑着咚咚乱跳的心，假装为难地考虑了一下，对不起我发个短信，本来和朋友约好一起吃饭的。然后对着手机乱按了一气。

就这样，他们开始了非工作式的交往。小倩当然要回请他。第二次一起吃饭，他们之间随意了许多。三天后，小倩买了条领带送给他，谢谢他对她工作的支持。再三天后，小倩以自己生日为名请他出来吃饭。一个星期主动约了人家三次，这已经不是一个寻常的数字。如果他有意，该明白小倩的心，如果无意，那么再努力也没有用。于是小倩开始收手。

果然不出所料，一周后，男人终于约了她。见面的第一句话是："你好像突然失踪了，我很不习惯。"

在爱情的博弈中你要占领主导地位，小倩就是这样主动出击，又不失矜持。她略施小计，又见好就收，从而吸引对方的注意，很快就博得了对方的好感，也为继续交往做了很好的铺垫。从一开始，面对意中人提出的邀请，小倩并没有欣喜过望，而是故作犹豫，似乎艰难取舍后才决定推掉别人的饭局。这个小技巧对男人有两点暗示：一是，有很多人想跟我一起吃饭，我的人缘很不错；二是，我推掉了别人，说明我重视你。其实，一星期约人家三次，已是稍过主动。但是只要合情合理，并在约会时把握时机充分地显示出自己的魅力，让他越来越感到：你是个可爱的女人，对自己也挺有意思的，如果能追到她那说不定能成就一段佳缘。尤其是小倩主动几次后见好就收，发展到这步他至少会想：人家女孩子主动几次了，于公于私、于情于理，我都应该主动一下。

其实，这样的根本所在就是要让男人觉得是他在追你。男人喜欢靠自己的魅力去征服女人，对他们来说就好像是在追逐新的猎物，他会充满期待，他会激情四射，他更会享受过程的刺激。试想一下，如果他毫不费力地就能够约你共进晚餐，那这样的约会对他来说，就像那些免费赠品一般毫无价值可言。所以，你千万不能轻易满足他的追逐感，要让他感觉到你无尽的神秘感。

电视剧《男人帮》中有一句话，"谁先开口谁先死"，因此要想方设法让他先开口约你。如果吊足了他的胃口，他自然会深陷情网，难以自拔。其实，男人也很期待这样的恋爱过程，只要你掌握这种技巧，那么他自然是“手到擒来”。

其实，让他先开口约你也并非难事。假如，你可以故装不慎，错把一封 E－mail 寄给了你的暗恋对象，信中可以提及各种有趣的户外活动或其他聚会等，当他感觉莫名其妙而向你确认时，你可以马上顺水推舟地说：“啊！我寄错了……不过也很欢迎你的加入啊，你要来参加吗?”你就这样自然地划入了他的生活，随着关系的不断深入，就可以水到渠成了，最终你将会进入他的心里，生根发芽。

幸福是要去争取的，不要使你人生过程中只有长久的心动而没有行动，再美好的想法也是要用实际行动来实现的。所以，在花开的时候不要忘记摘下一朵。

第四部分

女人相信爱情,但爱情相信你吗

别做白日梦，让爱情回归现实

我们习惯把幻想抑或无法实现的事情称作“白日梦”。想想这白日里的梦能做多长久呢？川端康成曾在小说《禽兽》里描写道：“小鸟的啁啾鸣啭，把他从白日的梦中惊醒……”

现实中，人们常常独自一个人做着“白日梦”，沉浸其中，天马行空，把自己幻想成不同的角色而不能自拔。

郭晨是一个文学女青年，她在很小的时候就对文字有着特别的兴趣，她读过很多书，特别是那些唯美的情感故事令她陶醉其中。她梦想自己是一个高傲的公主，在适当的时候遇到自己的白马王子。

她常用充满热情的文字描绘自己未来爱人的样子，想象爱情的美妙，常常沉浸于自己设置的虚幻爱情中流连忘返。

有一天，她在自己的办公桌上发现一个折成心形的红色卡纸。她好奇地欣赏着这个小工艺品，突然发现上面还有密密麻麻的荧光字，她把这个心形折叠物拆开一看，原来是一封情书。她的脸一下子红了，心跳得厉害，她把这封情书悄悄看完，才知道原来是对她仰慕已久的老同学陈冲来找她时故意留下的。

在陈冲的热烈追求下，郭晨的芳心被打动了，她沉浸于爱情的甜蜜中。每逢节假日，两人的约会总是别出心裁，郭晨感觉自己是复活了的公主，昔日的梦想都变成了现实。

但随着时间的推移，郭晨对陈冲越来越不满意，因为陈冲不再像刚开始那样热情洋溢，而是出现了懒惰的迹象。郭晨认为陈冲对自己的爱经不住时间的考验，于是将不满的情绪发泄在陈冲的身上，并且默默地对自己说：他不是我理想中的王子。

过了一段时间，陈冲给郭晨留了一封信，就消失了。信中说：我爱你胜过爱我自己，但是你要的幸福我给不起，所以，我要一个人去外面闯闯，你照顾好自己，并且要幸福地生活下去，希望你未来的男朋友能够更好地照顾你。郭晨读完信已经泪流满面，她一下子变得成熟起来，她把事情的前前后后回想了一遍，发觉自己确实有点儿过分，于是开始通过同学寻找离去的陈冲。

经过千辛万苦，郭晨终于来到陈冲的面前，她泪眼婆娑的样子引起了陈冲的百般疼爱，于是相拥恸哭，两个人和好如初了。

过了不久，郭晨和陈冲在亲人朋友的祝福中走上了结婚的红地毯，他们已经从少不更事的孩子过渡成为一对青年夫妇。郭晨从此开始了柴米油盐的琐碎生活。她不再花费血本去购置化妆品和时尚的衣物，也不会因为陈冲没有给她买玫瑰花而生气，她开始节衣缩食地过日子，一个勤俭持家的家庭主妇诞生了。这一切令陈冲特别感动，他总是深情地看着自己的妻子说："你变得成熟了。"郭晨总是一脸幸福地对着老公说："去去去，修水管去，不然得浪费多少水啊?"

这就是一个从梦幻的爱情一路走来，成为现实的家庭主妇的真实故事。

向往爱情的温馨、浪漫与美好本是无可厚非的，但是沉溺其中拔不出来，从而与现实脱节是不可取的。只有立足现实，用自己的智慧、勤劳和善良将自己与爱人的生活经营好才是上策。失去现实的支撑，虚幻的爱情也只是无源之水，无本之木。

纵然爱情的天使有翅膀，也要落地歇一歇脚，而爱情也是一样，最终还是要落地回归现实的。

爱，该怎样说出来

有句话说得好：人世间最遥远的距离不是天涯海角，而是我站在你面前，你却不知道我爱你。原来，爱也需要说出来。

当你遇到自己喜欢的人，在什么都没有开始时，如果以为“他不一定喜欢我”，那么你可能会真的失去他，失去选择的机会。

害怕被拒绝也大可不必，你应该做的是克服自己自卑不安的想法和自愧不如的心理。不要坐在电话机旁犹豫不决，事实上，只要你勇敢地拨一次电话，事情就会完全解决了，你也就将彻底地摆脱忧心如焚的处境，即使遭到拒绝，也不算是什么大不了的事情，你只要保持轻松和宽容的心情就能度过情绪不稳定的日子，如果你什么都不去做，却只是终日停留在忐忑不安中，猜测他的心意，又有什么意义呢，为什么不给自己一点主动权呢?

被拒绝并不代表你有什么过失，也许他心中另有所属，而他恰恰是个忠诚的爱人；也许他目前为事业忙得焦头烂额，根本无暇分心经营爱情；也许他最近情绪不佳，偏偏你又撞在枪口上。所有这些都与你无关，不要因为被拒绝就觉得被判了死刑，失去了追求爱情和幸福生活的勇气。

表白是一种艺术，只有聪明的女人才能运用自如。你当然希望你的表白能得到对方的接受，从此开始一段美好的情缘，但是，表白成功必须具备起码的前提条件和诸多的有利因素。

在表白之前，首先应当对自己做一番客观的衡量，也就是对自己的情况进行理性的分析和评价。主要包括自我形象、思想情趣、生活作风、价值体系及学识才华等。只有清楚地认识自己，才能明确地为自己心仪的对象“画像”。人无完人，千万不要自我感觉太过良好，而忽略了自己的种种缺陷，也许正是这些缺陷成为别人拒绝你的原因。太过自负的女人一旦遭到拒绝，那种痛苦是不言而喻的。

在表白之前，其次应当尽可能地了解对方。如果你对心仪的对象连最起码的认识都没有，单凭一些工作、住址及年龄之类的表面信息，是无法触及对方的心灵深处的，这样的表白很浅薄，也许你就是被对方英俊的外表或一掷千金的豪气所吸引，当然对方也不难看出这点。这种表白如果被拒绝反而是件好事，最危险的就是碰上猎艳高手，将错就错，趁机玩弄女人于股掌之中，这个女人的命运就十分悲惨了。

在表白之前，最后应当选定场合与情境，浪漫优雅的环境绝对比嘈杂喧闹的场合容易使人动情；柔和的光线要比迪厅炫目的激光更能激发他的柔情；清闲的假日、休息日要比紧张的工作日令他觉得放松。当然，爱是自然天成的，本无须太过刻意，有时候，就是那平常的日子，不经意的一瞬间，你的勇气突然来临，你的爱意很自然地涌出心扉，那就让他感受到你的爱。把你的爱说出来，不要再藏。

你若爱上了某人，就应该努力地去追求，但出于女性特有的羞怯心理，不便坦白直率地向对方表示，可以通过许多别出心裁的方式把心思传递给对方。

你可以用迷人的微笑替你表白。有时候，不甚得体的表白话语还不如技巧性地运用肢体语言来得有效。微笑和眼神都能传递你对他的情意。嘴角微扬，展现出你最迷人的魅力，深情的目光互视，移开，互视……如果他心中对你也早已充满好感，他很快就能接收到这些爱的信息。

你可以用精巧的小信笺替你表白。写上几句情意绵绵的话，卡片的精致代表了你不俗的品位，动人的话语可以让他感受到你的才情与细腻。虽然电话沟通感情更为快捷方便，但爱情不是方便装，表白也需要花一些小心思。看到这可爱的小礼物，他怎会不在惊喜中感到一阵甜蜜。

你可以借别人的口替你表白。这样对他说："我爸爸经常夸你。"他一定会很有兴趣地问："是吗？夸我什么？""说你人品好，能干又谦虚，是个好男孩。"其实这些都是你的心里话，只是腼腆的你不肯直接对他说罢了。如果他很聪明，当然知道你话中蕴含的意思，如果他对你很有好感，他是不会无动于衷的。

表白，开启你的爱情之门。表白，也许从此带给你一生的幸福。向他打开心扉，勇敢地表白吧，不要让有缘相聚的人就此错过。

恋爱秘籍，男人一定会爱上你

一杯美酒，放久了，会落入灰尘，掉进小虫，连酒精也会挥发掉。

一盘美食，放久了，也会被污染，腐烂变质，失去味道。

爱情就如同这美酒和美食，再甜美的爱情不知道保鲜，也会让人失去品尝的兴趣。

想让你的爱情永远新鲜，充满激情吗？不妨制定一份“爱情”攻略，以免“婚外情”如洪水猛兽般吞噬你和爱人的心。

漂亮的女人，容易获得爱情；而有智慧的女人，懂得保存爱情。聪明的女人，应该是爱情的厨师，懂得掌握喜怒哀乐的情绪发挥，知道适时地在生活中加入酸甜苦辣的调味品，让爱情越陈越香，相爱绵绵无绝期。

（1）眼泪

眼泪，是女人制服男人的武器，但是，宝剑可不能轻易出鞘！不要动不动就落泪，过多的眼泪，不但无法引起怜爱，反而使男人对你的哭泣有“免疫力”。

看到悲惨的电视剧或电影，哭得像个泪人儿，让他知道你有颗脆弱善感的心。争吵时，他说了重话，或者有了二心，都是落泪的“必要”时机。特别是两人闹意见闹得不可开交时，与其硬碰硬，倒不如适时运用“泪弹攻势”。

眼泪，是用来表达忧伤或愤怒的，不是用来凸显你的任性与跋扈。不要他一不遵照你的“旨意”，或是你的要求没有得逞就泪眼婆娑。他不陪你逛街，你哭；他下班回家忘了买两斤苹果，你又哭；他不知夸你美丽，你还是哭。这样的眼泪只会成为男人的负担，然后，把他吓傻，甚至吓跑。

号啕大哭，既表面又肤浅；抑声啜泣，较能引发男人的疼惜。泪珠盈眶却努力挤出一抹笑容，表现强颜欢笑的凄美，最叫男人心动。把脸转开，任由泪水滑落，故作坚强的柔弱，尤其令男人心疼不忍。

（2）娇憨赖皮

没有一个男人可以抗拒女人的撒娇。不管你年纪多大，有时撒娇任性，赖皮一下，可以增加感情的“蜜”度。

斗嘴辩论斗不赢他，赖皮地说：“谁叫你比我大，大就该让着我啦!”早晨恋床，实在不愿做早餐，何不拥着他，懒懒地说：“好想永远抱着你。”听了这话，恐怕男人饿得能吃下整头牛，也舍不得放你下床。

爱人的对话，总免不了肉麻，甚至近乎痴呆，不过，听在当事人的耳朵里，可是字字甜入心坎儿，句句叫人销魂。

（3）嫉妒

一个不懂嫉妒的女人，就像拍了弹不起来的皮球，令人乏味。

你不必隐藏嫉妒和醋意，适时而恰到好处的嫉妒，可以证明你对他的爱与重视，满足男人的虚荣心，让他享受一下被女人醋劲儿“宠爱”的滋味。

嫉妒，让他有被爱的感觉；猜疑，则会使对方感到被束缚，不被信任。因此，你可以理直气壮地要求他不准偷看女人或与其他女人调笑，但别太疑神疑鬼，任何一点风吹草动，就以为对方要变心离开，这种过度的猜疑，只会深沉成感情的阴影，最后，扼杀掉彼此的爱。

（4）吵架

夫妻之间发生争执或口角，在所难免，吵个建设性的架，不但能发泄情绪，更可增加了解。若是一味消极地攻击指责，甚至寻死觅活，不但解决不了争端，反而会惹来厌恶和反感。

发怒吵架，要对事，而且收放自如，该闹则闹，该停则止，见好即收，绝不恋“战”。吵架要给自己留下台阶，给对方留条后路，否则，一不小心吵翻脸了，对你可只有坏处。也别当众争吵，让他觉得有损面子和男人尊严。还有，虽说吵架无好话，但别批评他的家世或学历等无法改变的特质，以免因逞口舌之快，而谋杀了苦心经营的爱情。

记住，女人要泼辣，但不要太辣，就像黑胡椒一样，够劲儿又不伤胃，如何让吵架的德行看起来很美观，是争吵前的必修课程。聪明的女人即使发怒，也要想办法充满美感。这杏眼一瞪，纤指一拨，柳腰一叉，樱唇一噘，姿势多曼妙婀娜！横眉怒眼，披头散发，泼妇骂街歇斯底里，只会破坏你在他心中的形象和地位。

（5）若即若离

和男人相处，女人要像良质米一样，有点儿黏又不会太黏。有时给他绑上一条绳子，让他学会牵挂；有时给他一些空间，任他放牛吃草。整天黏着他，他会觉得“我好比那笼中鸟”毫无自由；但是，过分地放纵他，平原纵马易放难收，他可能会忘了回来。

男人就像风筝一样，拉得太紧又容易扯断，所以，女人要懂得忽松忽紧地抓住男人，跟男人的距离也要永远保持若即若离。有时盯牢他的行踪；有时对他小小的出轨视而不见；有时让他觉得你很在乎他；有时把他当壁画，在一旁闲着；大多时候信任他，但偶尔也要对他的话投下“不信任票”。

感情是一项需要慢慢打造、细心经营的工程，任何操之过急的举措都有可能影响其根基的稳固。一个女人要想使自己的感情永远保持热度和新鲜感，就得做到有的放矢。

一个微笑，成就一生姻缘

北方有佳人，绝世而独立。

一笑倾人城，再笑倾人国。

宁不知倾城与倾国？

佳人难再得！

这首诗名为《佳人歌》，是乐师李延年为他的妹妹所作。短短的一首《佳人歌》轰动京师，令天子闻之而心动，闻之而神往，立即生出一见佳人的向往。笑，是美人的一抹更加迷人的绚烂。有多少君王，多少男人，能抵挡住美人一笑呢？

《诗经》里的“巧笑倩兮，美目盼兮”，到杨贵妃的“回眸一笑百媚生，六宫粉黛无颜色”；从周幽王为博美人褒姒一笑烽火戏诸侯，到狐女婴宁憨痴的笑容惹王生神魂颠倒，我们都可以从中看到微笑的魔力。别说是美人的笑，即使只是一个小女孩的笑，也会引发令人难以置信的奇迹。

在20年前的美国，曾发生一件轰动性新闻：

一个陌生路人将现款四万美金给了加州一个六岁的小女孩。大家都很惊奇，在大人的一再追问下，小女孩终于说出了令大家从没想到的答案：“他好像说了一句话——你天使般的微笑，化解了我多年的苦闷！”原来，这个陌生人是一个富豪，但过得并不快乐。因为平时给人的感觉太过于冷酷，几乎没人敢对他笑。当他遇到这个小女孩的时候，她那天真无邪的微笑驱散了他长久以来的孤寂，打开了他尘封多年的心扉。

微笑具有一种很神奇的力量，发自内心的微笑会让自己感觉到幸福，同时也给了别人温暖。它就像是心里飘出的一朵莲花，美丽，令人一见倾心。微笑是最原生态的吸引，它会让人有被认可、被喜欢的安慰感。

微笑，有时候真能让人觉得整个世界都变得温暖起来了。一个不漂亮的女子，她在阳光下的恬淡微笑，那种美丽，那种温暖，是那些浓妆艳抹永远以“画皮”示人的美女们无法比拟的。有一句话是这么说的：“要记得永远保持着微笑，即使是在你难过的时候，因为有人可能会因你的微笑而爱上你。”

有些爱情，正是从一个微笑开始的。很多人其实都是孤独的天使，独自生活在冰封的世界里，一个温暖的微笑可以让人从北极的冰山之巅走到中国南海那个春暖花开的地方。

有时候，微笑比语言更有魔力。我们会因为看到一个男孩温暖的微笑爱上他，他也很可能会因为一个天使般的微笑爱上那个女孩。

谁会喜欢一个整天板着张臭脸的人呢？就像《犬夜叉》里的杀生丸，即使他帅呆了，酷毙了，也有很多人不喜欢他，因为他太冷漠，太无趣。而犬夜叉，一点儿都谈不上帅，却拥有众多“粉丝”，因为他很可爱。男孩子也一样，很少有男孩会喜欢一个冷冰冰的木美人。眼泪虽是女人惹得男人疼惜的千古利器，只可惜现在的很多女孩子没有几个能哭得出来的。不能哭，也只能笑了。

保加利亚哲学家吉里尔·瓦西列夫在《情爱论》一书中说：“爱的微笑像一把神奇的钥匙可以打开心灵的迷宫，它的光芒照亮周围的一切，给周围的气氛增添了温暖和同情，殷切的期望和奇妙的幻境。”名画《蒙娜丽莎》的美就在于她的微笑，女人的美也在于她的微笑。回眸一笑百媚生，女人最美的是微笑、微笑、再微笑！

长得一团喜气的女孩子是男友妈妈最中意的儿媳，有很多男孩也说最喜欢眼睛会笑的女孩子了。一笑倾人城，再笑倾人国，不需要倾城与倾国，倾倒你喜欢的人就行了。

保持神秘感，让他欲罢不能

男人心中永恒的爱对他们来说是种永恒的陶醉，也许那个女人并没有沉鱼落雁之貌，也许她也没有柔情似水的温婉性格，也许她也不是蕙质兰心，但是她却有一种莫可名状的韵味，一种卓尔不群的气质，一种高雅不俗的品位，一种难以探寻的神秘，这些都足以让一个男人为她神魂颠倒。《男人是野生动物，女人是筑巢动物》曾把这样的女人称作“三不女人”：深藏不露、飘忽不定、捉摸不透。

《金枝欲孽》中的尔淳就是这样的“三不女人”，她认为，讨好男人最笨的办法就是百依百顺，那样的话皇上很快就会索然无味。最厉害的一招则是始终让他求之不得。所谓求之不得，其实就是在男人面前摆“迷魂阵”，保持一定的神秘感，不让他一下子看透你。在钩心斗角、争风吃醋的皇宫内院，万千佳丽争先恐后地投怀送抱，她却反其道而行之，欲说还休，欲拒还迎。结果皇上的胃口被吊得老高，神不知鬼不觉地就被这个颇有心计的小丫头给灌了“迷魂汤”。

一个女人要懂得见好就收，要适时的欲擒故纵。猫捉老鼠的游戏如果运用到极致就会有意想不到的收获。女人要给他希望也要给他失落，让他在失落迷离中准备着下一次的征服，就是这样，女人永远不能一次喂饱男人的征服欲，要若即若离，忽远忽近。由此而来，男人就会被你牵着走，他们这样才会不达目的誓不罢休。

智慧的女人要领悟“神秘”的真谛，要懂得“花要半开，酒要半醉”，而不能“接天莲叶无穷碧，映日荷花别样红”似的逐渐让男人视觉疲劳。女人要像大海般深邃而不可捉摸；女人要像一本读不完的书，要男人用一生去研读；女人要像一座森林，进去就会迷路；女人要像绵绵细雨，润物细无声。这样，男人就会不断地被激发强烈的好奇心，去展开无尽的探索。可是，有些女人认为“简单最美”，其实所谓的简单，并不是一眼望穿的白开水，失去了神韵，失去了味道，失去了精神上的美感。真正的“简单”往往是简而不凡，简单得让男人看不透才是最高的境界。

女人需要保留一点儿神秘感，变，一刻不停地变！将自己的心灵不断地放逐，将自己的外表不停地迁徙，永远保持着神秘感。这是给男人最好的礼物，也是女人保持魅力的最好手段。

“神秘感”的另一层含义是“新鲜感”。当一个女人在男人的眼里失却了新鲜感，也就失却了神秘感，而从哲学意义上来说，喜新厌旧又是人的本性，无论是男人还是女人都是一样的。喜欢新事物，喜欢新鲜的东西，而对旧事物和习以为常的事情不感兴趣，这是人之常情。问题在于怎样使你总是“新”的，怎样保持你的神秘感，只需三分神秘，就能成全他的万般想象，吸引他的探索欲望。

苏菲·玛索被誉为最美丽、最迷人的女人，并不是因为她的容貌举世无双、倾国倾城，而是她身上的那种神秘莫测的气质，时而冷艳高贵、时而温柔如水，就像一座神秘莫测的卢浮宫，让男人产生了一种雾里看花的朦胧之美。

有时候，男人就像是个好奇心十足的孩子，总想揭开罩在女人身上那层神秘的面纱，一探究竟，你越高高在上，他就越顶礼膜拜。你越不冷不热，他就越知难而上。你越神秘，他就越好奇、越主动，真要有一天，你在他面前一览无余了，他反倒摆出一副大功告成的样子，准备撤兵了。

男人喜欢欲拒还迎，半遮半掩的女人，对于一个男人来说，对他最大的诱惑就是神秘和不可知。如果一个女人让男人一眼就看透了，那就显得太浅白了，会让男人大失探奇的胃口。

两个人的爱情，需要相互付出

她爱吃瓜子，他就总是一个一个地把瓜子剥开，把干净饱满的瓜子仁放进一个罐子里，送给她。她总是舍不得一次吃完，每次拿出几颗放进嘴里，就满嘴都是甜蜜。

她对他最初的感动，是缘于他等待的耐心。因为晚自习，夜黑，她和他约好了在一个路灯口下见，然后一起走。

于是，很多个晚上，当她匆匆地赶在路上时，隔不远便可看见一个清瘦的男孩子静静地站在灯下，差不多每次都是他等她。

有一次，她迟到了将近两个小时，急急地赶到那里时，以为他一定走了，不料他仍如往日一样在那里静静地张望。那一刹那，成为她日后柔情涌动的回忆。

他一直很宠她。他的真诚让她相信，他们的爱是可以恒久的。

这样平静的日子，以及这一眼就能看到结局的爱情让她踏实。后来，她忙于英语四级考试，英语底子薄弱的她真的有些焦头烂额，她忙于补课，做习题，就很少和他见面了，连电话，她也是草草结束，然后埋首于习题之中。

其实也不是真的忙得没有一点儿空隙，在空闲的时间里，她也想着要见他，要跟他说话。转而又想：爱情握在手心，是这样的平实与温暖，飞不走的。

忙完之后，再去找他，却渐渐地发现了他的冷淡。她开始不安地感觉到有一种美好正悄悄地消逝。她的不安一天天地扩大，直到那天，他平静地说：分手吧。她追问自己做错了什么，她可以改……他说没有谁错。

她不明白曾经是那样一份令她放心的爱情，怎会说走就走呢？

一个人愣着睡不着，想起他给她剥的瓜子，拿出罐子一看，白白净净的瓜子仁上已经发霉了，像是在无声地谴责她的遗忘。

她忽然潸然泪下。她所忽视的恰是她珍爱的，她的爱情不正如这瓜子仁一样被她搁置得太久了？

爱是相互的。在爱面前人人平等。两个人，要相互尊重，爱才能够持久。可惜她明白得太晚了。就这样眼睁睁地看着一个曾经那么爱她的人，在茫茫人海中与她擦肩而过。不要欺负那个爱你的人，他的所有软弱、包容、承受和谦让，那全是因为爱。只有真爱才会让一个人宁愿自己低到尘埃里。

有些东西，如爱情，是根本不能被忽视、被搁置的，否则，将会失去它原有的美味，不要把别人对你的好认为是理所应当的，没有谁会无止境地对你好。

爱情只有相互才能长久。相互依存、相互关心、相互体谅、相互惦记和相互努力，相互地付出爱。

人是群居动物，所以害怕孤独。爱情是扫走孤独的有力武器，爱情让两个人走到一起，让两个人不再孤单，外在和内在都不再孤单。但一旦这个爱情是单方面的愿意，或者是单方面的付出，爱情便不能长久。

两个人的爱情，只有两个人一块儿付出，才能让爱情有声有色。没有人会觉得被关心是糟糕的事情，即使是不相识的人，被关心都会觉得心中流进暖流。

相互地付出爱。爱，永远不嫌多，如同没有人嫌空气太多一样。但请不要只接收爱而不付出。因为爱人本身是一件很累人的事情，当疲劳过度了，也许再也没有力气去爱了。

世间的事都是彼此相对的，只有相互的爱，才能让幸福的婚姻恒久绽放。

爱是需要相互付出的，就像是跷跷板，没有对方的支撑与付出，是玩不好这个游戏的。

生命经不起等待，爱情经不起错过

人生有两样东西不能错过，最后一班回家的车和一个深爱你的人。

有一天，男孩女孩牵着手去逛街。当经过一家首饰店门口时，女孩一眼看见了摆在玻璃柜中的那条心形的金项链。女孩心想：我的脖子这么白，配上这条项链一定好看。男孩看见了女孩眼中的那依依不舍的目光，他摸摸自己的钱包，脸红了，拉着女孩走开了。

几个月后，女孩的生日到了。在女孩的生日宴会上，男孩喝了很多酒，才敢把给女孩的生日礼物拿出来，那正是女孩心仪的心形金项链。女孩高兴地当众吻了一下男孩的脸。过了半晌，男孩才憋红着脸，搓着手，嗒嗒地说："不过，这……这项链是铜的。"男孩的声音很小，但客厅里所有的客人都听见了。女孩的脸蓦地涨得通红，把正准备戴到自己那白皙漂亮的脖子上的项链揉成一团随便放在了牛仔裤的口袋里。"来，喝酒！"女孩大声说，直到宴会结束，女孩再也没看男孩一眼。

不久后，一个男人闯进了女孩的生活。男人说，他什么也没有，只有钱。当他把闪闪发光的金首饰戴到女孩身上时，同时也俘虏了女孩那颗爱慕虚荣的心。他们很快便在外面租了一间房子同居了。男人对女孩百依百顺，女孩暗暗庆幸自己在男孩和男人之间的选择。

对于女孩来说，那真是一段幸福的日子。但是好景不长，在女孩发现自己怀孕了的同时，也发现男人失踪了。当房东再一次来催她缴房租时，她只得走进了当铺，把自己所有的金首饰摆在了柜台上。老板眯着眼睛看了一眼说："你拿这么多镀金首饰来干什么？"女孩一下子愣住了。接着老板的眼睛一亮，扒开一堆首饰，拿出最下面的那条项链说："嗯，这倒是一条真金项链，值一点儿钱。"女孩一看，这不正是男孩送她的那条假金项链吗？当铺老板把玩着那条心形的项链问"喂，你打算当多少钱"时，女孩已经泪流满面。

年轻时，很多人不懂爱情，因为拥有太多。健康、青春和财富，对年轻的女孩来说似乎都唾手可得，她们以为爱情也会来得那么容易。往往因为太年轻，不懂得爱情的珍贵，不懂得唯有真爱才是最宝贵最纯洁的东西。她们的眼睛被世间的荣华富贵、浮名虚利塞得没有一丝空隙，很多人那双生来就是为了迎接纯真寻找爱情的眼睛，被这缤纷得让人缭乱的世界弄得茫然了。

更有很多女孩常常会问："如果我现在结了婚，我怎么知道将来还会不会有更好的对象出现？"每个人都期望为自己找一个最好的伴侣。

"江山代有人才出"，结婚时出众的外貌，久而久之，也会褪色。白雪公主会变成黄脸婆，白马王子也会成为白发王子：以前有博士学位就很了不起，现在博士后比他更神气；当年的校花，会有更青春的美女，因为成长环境及化妆美容技术的改良而超过她。

什么样的人才应该去结婚呢？认识了婚姻的“抉择真谛”的人！

婚姻的抉择真谛是——决定成婚时，明知极可能会有更好的人出现，但是此时此地此生，我就是选择了你。

“弱水三千，只取一瓢饮”。

眼前即可掌握的小小幸福，大过未来不可测、不可知的机缘。

当一个人喜欢另一个人时，并不是因为他最好、最漂亮、最有钱、最能干……即使有更好的人出现，仍然不会改变。这辈子，有了你我就满足；现在我接受了你，以后你会怎样、我会如何，也都认了，这正是选择的真谛。

如果你认为生命价值高、时间宝贵，在婚后多年发现有更好的对象出现时也不后悔，那表示你早已踏实地开始了自己的婚姻生活，并且从中得到了相当的收获与喜乐。

不懂得珍惜真爱的人是可怜的，她永远也找不到生命中的满足。其实，爱不仅要懂得宽容更要及时，很多事可能只是在于你心境的转变罢了！当有个人爱上你，而你也深爱他时，那就不要轻易错过。很多人会说：“我要找一个很爱很爱的人，才会谈恋爱。”那么，怎样才算是很爱很爱的人，她却无法回答，因为她自己也不知道。没错，我们总是以为，我们会找到一个自己很爱很爱的人。可是后来，当我们蓦然回首，我们才会发觉自己曾经多么的天真。假如从来没有开始，你怎么知道自己会不会很爱很爱那个人呢？其实，很爱很爱的感觉，是要在一起经历了许多事情之后才会发现的。

或许每个人都希望能够找到自己心目中百分之百的伴侣，但是，你有没有想过在你身边会不会早已经有人默默地对你付出很久了，只是你没发觉。

爱情经不起错过，错过了就难以重逢，请别让握在手心里的真爱流出指间。

可以N次恋爱，不可一次滥爱

对女孩而言，如果一出门碰到的男人就是自己的真命天子，这固然是件好事，但爱情是个难题，多数爱情是“爱了、聚了、散了”，所以很多的爱恋最后以分手告终，曾经十指相扣的两个人转眼就成了最熟悉的陌生人。并不像想象中能慢慢变老，过一辈子。爱情能使两个本不相识的人睡在一张床上，也能使睡在一张床上的两个人转眼就变成陌路人，你不得不承认它的威力。

可恋人走了，爱情还应该栩栩如生地活着，爱情这出戏，变换一下主角，还能继续演绎出不同的精彩。再说了，男人本来就来自火星，女人来自金星，男人和女人有着完全不同的星球语言，女人只有在和男人的不断接触中，才能懂得他们的思维方式，在爱情这场演绎里知己知彼百战不殆。所以，女人可以N次恋爱。

择偶就像在市场上买东西，有的人一进市场，看见商品买完就走，她们不知道前面可能会有更适合自己的质优价廉的商品，一旦再发现时就后悔不迭。而有的人不同，她们懂得在市场里挑挑拣拣、货比三家，最后挑的货物一定是自己很难后悔的。

张莉就是个典型的实践爱情主义者，是个喜欢挑挑拣拣的女孩，有一年她就换了四个男朋友，在经历了大大小小的十几次恋爱之后，张莉和一位公司老板结婚了，包括她妈妈在内的人都认为，像张莉这么花心的女孩，肯定过不了几天就离婚了。然而，她不仅未遂众人愿，反而跟丈夫的感情越来越好了！

年轻的时候张莉交过各种各样的男朋友，A很帅气，但没什么上进心；B很有思想，但生活缺乏情趣；C是个诗人，很懂得浪漫，但钱包干瘪，不切实际；D是个小老板，但性格鲁莽，不解风情。总之，在谈了前前后后十几个男朋友之后，张莉一直觉得没有一个能让自己心甘情愿托付终身的男人。

到底找个什么样的男人结婚，自己才觉得是正确的选择呢？年轻的张莉也很迷茫。随着年龄的增加，她的父母开始催她早点儿结婚了，在他们看来，张莉犹豫不决，原因就是她挑花了眼，所以才该嫁不嫁。张莉的妈妈不止一次用过来人的经验语重心长地跟张莉说："你知道吗？女人一旦过了结婚的年龄，就是快散场集市上剩的大白菜了，早晨还可以卖一块五一斤的，现在五毛钱一斤也得卖了。"

张莉当然不信这个邪，她觉得既然现在有机会，为什么不多做些选择呢？两代人所持有的观念毕竟不同，所以她并没有听母亲的劝，只管继续挑，要找到最满意的再嫁。

带着这种心态，张莉开始仔细分析自己到底需要什么样的丈夫，她明白自己有些贪图安逸、追求物质享受，所以他一定不能太穷；她喜欢浪漫，所以老公不能没一点情调；她喜欢自由自在的生活，所以老公还应该有事业心，不然老守着老婆热炕头，管得自己心烦。

而这就把A、B、C、D都给排除了，他们都不是最佳人选，于是张莉就劝自己：还是等等吧！

直到林强的出现。张莉把林强和她以前的男朋友“货比三家”，很快就做出了嫁给林强的决定。首先，林强是个小老板，有事业心，婚后的富足和自由生活都有了保证；再者，通过和林强的接触，发现他还挺幽默风趣，并非是个纯粹的商人……唯一遗憾的一点就是林强人长得不怎么样。但张莉想，男人要是太帅的话结婚后就得仰望他了，而且也不太安全，所谓“郎才女貌”，自己比丈夫漂亮，婚后提点什么小要求也能理直气壮。

就这样，“花心”的张莉在十几次恋爱之后闪电般和林强结婚了，虽然喜欢挑挑拣拣，但一旦看中了就得赶紧决定，不然被别人捷足先登了，岂不是浪费自己之前投入的时间和精力？

时间证明了张莉的“花心”是正确的，她总是很骄傲地跟别人说：“一旦认真地多方选择了，就很难有后悔的可能，你看我，就是这样！”言语之间是毫不掩盖的幸福！

恋爱像体操，需要从年轻的时候就开始不间断地练习才能技艺高超，以免年龄大了摔伤自己。活在这个时代，就该把功夫练好，否则哭的是自己。所以，如果你目前的恋人不是最适合你的男人，不妨拿起快刀斩断情丝，然后继续在人群中再找更适合自己的男人，因为爱情并不只此一家，为了找到更合适的，再恋一次又何妨？

不过，恋爱可以，却不能滥爱，与不合适的人在不合适地方进行了一场不合适的爱情游戏，或许一时纵情，但短暂的欢娱过后，却落得自贬身价的结局。不去滥爱，是为了遇到更好的男人时可以专注付出。随便跟一个男人就轻解罗裳交出自己的身体，就成滥爱了。与这样的男人就算是能一起走进婚姻的殿堂也不见得幸福，男人对唾手可得的东西往往不会珍惜。

既然聚散无常，女人在恋爱时就要有所为，有所不为。赏赏月，谈谈心，吃吃饭，看看电影，都是无可厚非的，但如果女人将恋爱进行到赤裸相见的程度，就有点儿不妥了。女人的身价与你曾赤裸相见过的男人的数量成反比，女人不断地支出身体，身价便直线下降，宛若风中凋零的残花，很难受到男人如获至宝般的疼爱了。

虽然说过把瘾就死也值得，但对于爱情，瘾过了后，爱情却葬送了，因此，滥爱的瘾，不过也罢。

婚姻警示牌，女人的爱情禁语

生活中，“面包”固然必不可少，但也不能为此失去了其他全部。对待别人时，言辞要柔和，不要因为一句话而失去了一段感情。

语言犀利，如同一把利刃一样可以刺痛人的心。女性朋友们，有没有说过伤人的话，因而失去重要的朋友或爱人，从此悔恨终生。所以，在爱情这场迷途中，如果你真心地从对方的角度考虑，就不要踏入语言的禁区。恋人的语言禁忌更是有很多门道。

很多时候，或许指责的话刚脱口而出，你就后悔了；也许你的本意是好的，可说出来却全变了味儿；或者不经意间和爱人说话总是生硬的……这都将导致一场争执，错误信息的传递说不定就会引发情侣大战。为了避免此种情况，你必须了解一些好伴侣禁用的语句。

（1）不要说：“我知道你就会那样说。”而要说：“你以前就曾经这样说过，所以它一定还在困扰着你。”有很多话本身并非责难，除非你用的是含沙射影的语气。当你面带挖苦地说“我知道你就会那样说”时，无异于是在用另一种方式骂你的爱人是个“笨蛋、蠢人”。较为明智的表达是：“你以前就曾经这样说过，所以它一定还在困扰着你。”这样说的话，既真诚地考虑到了他的感受，又表明你希望能为解决问题做些什么。

（2）不要说："你令我简直快疯了。"而要说："你那样做，我真的很难受。"你得明确表达是什么在影响着你的情绪，那种笼统地否定一切只会令两人关系愈加紧张，特别是"解释清楚你生气的理由"极为重要。你需要强调他的行为带给你的感受，但不要列出一大堆的抱怨和委屈清单。记住：一次只指出一个问题，诸如，"当我想跟你说话而你只顾自己看电视时，真的叫我很难受"，而且越早说出自己当时的感受越好。

（3）不要说："这事你一直就没做对过。"而要说："你是做了很多努力，但用这种方式是不是太费劲儿了。"责备你的另一半的行为不当，你往往会指出做这件事的正确方法。虽然看上去你的方法可能很好，可事实上它常常是带有你主观偏好的。不要吝啬对他的感激和肯定之词，这会令他乐于继续坚持下去。幸福的情侣往往建立在彼此欣赏的基础上，他们常常会互相赞美，哪怕是日常生活中最细枝末节的地方，他们也不会忘记说声谢谢。

（4）不要说："为什么你总是不听我说?"而要说："这对我真的很重要。"说你的伴侣总是不听你的不仅满是责备而且还夸大了怨气。毕竟，即使是最为虚心的人对你所说的话也会在意几次。而如果你以"这对我真的很重要"这句话作为开场，则会为你打开一扇进行建设性对话的大门。作为伴侣，如果你想你的爱人不仅听你说，并更多地和你交流，就要始终做到心平气和。

（5）不要说："说得对，我正是要离开你！"而要说："那给我一种想要离开你的感觉。"威胁听上去好像很引人注意，但它们往往很危险，而且不给进一步的交谈留一点儿余地。就算你确实怒气冲天一走了之，你们的关系也不会就此结束。在这种情况下，只要情侣之间的关系还没有破裂，说出真实的感受有助于接触到问题的根本。不过，对于大多数爱情而言，动不动就用离开来进行威胁只能随着时间的推移而变成现实。

（6）不要说："没什么不对。有什么让你觉得不对的？"而要说："是的，有些事确实有问题。"回避问题只会让事情更糟。你首先要承认有不对劲儿的地方，即使你并不准备立即谈论此事。这样做有助于消除紧张气氛并使你们两人处于寻求解决之道的同一条路径上。然后坐下来慎重地谈论双方的问题。

爱情的国度里本没有禁忌，但爱情的交往却布满荆棘。这就是爱，爱与被爱的我们都痛并快乐着。

第五部分

一千句“我爱你”，比不过
一句“我娶你”

限时恋爱，巧妙“逼婚”

爱情走进婚姻的殿堂，才是彻底圆满。爱情与结婚之间有很遥远的路要走，巧妙“逼婚”，能另辟蹊径，更快到达幸福的终点。

什么是逼婚？不是大声质问“你是不是不想娶我”、“你到底什么时候和我结婚”之类。以上都属于下下策。高明的MM不会这样开口逼婚，而会巧妙地让对方向自己求婚。

艾米和佳明是一对经历爱情长跑多年的情侣，但性格温和的佳明却安于这样不温不火的状态，迟迟不肯向艾米求婚。

因为在他看来，美丽智慧的艾米就像一颗璀璨的水晶，需要去仰视。但是眼看着身边的朋友都结婚了，艾米内心越来越着急，她希望佳明能跟自己求婚，她没料到原本可以欣然享受的被追求、被求婚的权利，正在变成一种煎熬。佳明的不徐不疾让艾米内心十分纠结，于是当他们再次见面时，艾米决定向佳明摊牌，一定要逼佳明说出心中的真实想法。在餐桌上她故意提及彼此的好友小美，并声情并茂地说小美要结婚的消息。结果佳明毫无反应，甚至反问道：“小美结婚是好事，可是跟我们没多大关系吧。”

艾米严肃地问：“我们是不是该好好谈谈我们的事？”她

看着佳明毫不在乎的样子，对于逼问的话题也有些犹豫，不由得心中发慌。佳明察觉女朋友的不对劲儿，嗫嚅着说，“我们，我们这样不是挺好的吗！”一场本来作为结婚讨论的晚餐却因为男主角的不配合，让艾米自己唱着独角戏，她心里非常失落，甚至认为佳明也许根本就不爱她，否则怎么可能对她的暗示和敦促无动于衷呢。“一着不慎，满盘皆输”。女人向男人逼婚一定要掌握技巧，不可操之过急。你太紧追不舍就会让他觉得你太过在意。

如果你一本正经地提出：“我们必须谈一谈我俩的关系。”他甚至会认为你对他不满意或者是要分手的前兆。

不如换个方式对他说：“我觉得自己每天回家都没有安全感，还是有你一直陪在我身边最好。”当男人听到你这样的暗示时，他就会知道原来你是想永远和他在一起，内心高兴的同时也就会顺着你的方向，从而达到你既定的目标。

一个男人迟迟不肯与你步入婚姻的殿堂，也许他只是想和你玩玩或者他还没做好准备承担家庭责任的心理。毕竟男人和女人的心理有着很大的区别。

在容貌上男人往往比女人老得慢，女人总是希望自己在人老珠黄前嫁出去，而现实中的确有很多大龄女青年找不到合适的伴侣，但老男人们却是心安理得地娶年轻女孩为妻，所以他们往往不急于结婚。

在这个竞争和压力都很大的社会，一个家庭往往需要承担太多责任，男人也许会为了躲避这些家庭责任而拒绝结婚。而女人刚好需要一个婚姻的港湾为自己遮风避雨，幻想有稳定可靠的性关系，所以婚姻生活就成为女人眼里最固定也最安全的去所。于是一些女人就按捺不住，开始了逼婚大行动。

女性朋友们可以这样：

（1）利用父母逼婚

使用这一招的前提是这个男人打算要和你共度余生，但是他内心还比较贪玩，希望再过一段单身生活的日子。这时候你就可以用父母作为借口，乘机要求他跟你结婚。比如，和他说："我爸妈讲了，再不结婚就让我和你分手！"虽然这样的话并不能在第一时间吓到他，但是至少会在他的内心深处明确这样的概念。或者跟他父母沟通交流，达成统一战线，所谓"擒贼先擒王"，当他的父母认可了你时，你大可狐假虎威地用他的父母作挡箭牌给他施压。

（2）利用其他男人逼婚

当他跟你在一起久了，就会认定你已经完全属于他，这时如果半路杀出个"程咬金"，在你们之间横插一脚，必定会让他觉得紧迫。这样的危机感一旦产生，他就会想要正式地拥有你。特别是出现实力和他相当，甚至是在他之上的竞争者时，你抛几个媚眼引对方发动进攻，并把声势造大，男人看在眼里记在心里就会要求你跟他结婚。

当然，这样做的危险是当男人不够自信时，说不定他真会放弃你而去，或者你真的又为自己制造了一个追求者，对你死缠烂打不放手。所以搞清男人的承受力，再使用这个方法比较好。

另外，还可以幽默地提醒他，当他想和你亲近时，你可以说非公勿动之类的话，来点拨他"想上车，先买票"。

总之，不管是何种方式的逼婚，前提都是要对这个男人有一定的了解，不然“偷鸡不成蚀把米”就不妙了。

婚姻毕竟是人生大事，你确定这个男人是你真正能够共度一生的人吗？因此，逼婚，一定要想好，他值得你这样费心思吗？很多女人总是希望自己爱的男人跟自己求婚，其实很多男人在心中都是不愿意过早地走进婚姻殿堂的，所以，如何有技巧地让男人主动求婚才是王道。

家的港湾，让爱情靠岸

没有人会否认自己需要家庭。家是自己在疲惫、受伤和心烦的时候的避风港。尤其对女性而言，家庭更是自己生命中的一部分，是她们值得为之付出所有的东西。

多数女孩步人适婚的年龄后，就开始考虑要建立一个小家了。虽然现在离婚率节节攀升，但依然阻挡不住女孩们向婚姻家庭前进的脚步。的确，家庭是人的基本需求，“是每个人生活的第一环境和终身环境”，每个人都需要一个家。哪怕是那些玩转感情或只沉溺于感情不要婚姻的“小三”、“婚外情人”等，到了一定年龄也会渴望拥有一个家，婚内的许多男女离了再结，结了再离，反复几次，也是为了拥有一个真正的家。如果婚姻不重要，家庭不美好，他们如此孜孜以求为了什么，是不断地反复折腾自己吗？当然不是。

杨意是一个白领丽人，在一家文具公司工作，她向朋友坦言，多年前她还不曾考虑过结婚，甚至想过一辈子不结婚，潇洒自由地过一辈子，可到了快迈入30岁大关的时候，看到身边的朋友结婚的结婚，生孩子的生孩子，蓦然发觉婚姻家庭是多么重要，于是就开始了频繁的相亲，还到处参加各种朋友聚会和娱乐活动，希望有机会遇到合适的另一半。

杨意很幸运，半年后就认识了现在的老公。老公是做会计的，人品不错，又会精打细算，和大大咧咧的杨意正好互补。杨意不擅理财，不懂合理分配家庭收入，两人的工资卡原本都在她手中，可几个月下来，当夫妻俩发现银行卡上所剩无几时，顿时傻了眼。从此，杨意将财务大权交到了老公手中，让本就是业内人士的他来处理家中财政，自己当起了“甩手掌柜”。老公将财政打理得不错，一年下来，家庭小金库中就有了一万多元的固定存款，让杨意很高兴，觉得两个人还真就比一个人好。

几年后，杨意老公的工作单位因为经济不景气而裁员，老公因与上级关系不好，上了首批裁员名单。他被裁后四处寻找工作，可屡屡碰壁，心情很差。这时，家就成了他温暖的避风港。杨意从未斥责和责备过老公的失业，相反，她还温柔地安慰他，积极地鼓励他，让他从最初失意的情绪中慢慢地走出来。四个月后，老公终于找到了工作，薪水比以前拿得高，单位的福利待遇也比从前的好，老公很感激杨意在他最失落时候的关怀，夫妻俩的感情变得更好了。

直到现在，杨意还经常在朋友聚会上谈起家庭的重要性，并劝如今还单身的朋友们积极地寻找如意郎君。

当你受到伤害时，当你失意时，当你烦恼和痛苦时，家庭便会成为最好的避风港。不久以前，德国阿伦斯巴赫民意研究所公布了一项调查，76% 的德国人认为家庭十分重要，8% 的人重视工作和朋友圈，仅有 4% 的人将个人爱好的重要性摆放在家庭的前面。中国人也是很重视家庭的，从古至今有许多名人强调家庭的重要性，强调家庭对个人一生的影响。

寻求归宿感是人的本能，哪怕当家庭的基础婚姻动摇时，仍不能妨碍人们不断地追寻家庭的幸福和温暖。

前面故事中的白领杨意，在一次同学会上还提到她的一个表哥。表哥已经结过三次婚了，两个月前她刚参加了他的第四次婚礼。杨意说她的表哥在婚姻的道路上一直不顺，第一次婚姻是父母包办，夫妻双方没什么感情，在柴米油盐的碰撞中矛盾越来越多，再加上年少轻狂，某次大吵过后便离了；第二次婚姻因为男方的出轨破坏了夫妻双方的感情，女方对男方的错误耿耿于怀，相处不下去了只能离；第三次，是表哥和上次婚姻中的“小三”结了婚。两人婚后因为双方的父母问题、子女问题，以及与前妻的相处问题，使彼此的嫌隙越来越多，再加上后来表哥的事业不顺，对谁都没有好脸色，经常与老婆吵架，最后老婆出轨，表哥受不了，离了。

这次是表哥的第四次结婚，他找了一个有过一次婚史的女人。这个表嫂看起来性格不错，脾气很好，杨意衷心地希望表哥这次婚姻能幸福。在杨意眼里，尽管表哥的婚姻有诸多不顺，可却一直未放弃过对幸福家庭的追求。

婚姻有幸福与不幸，有一次又一次重组的，其终极目的都是为了温暖幸福的家，可见家庭对人的重要性，人们总是在自觉或不自觉中追求一种归宿感。

家庭不但是人生最美好的避风港，还是维系社会稳定的纽带。没有稳定的家庭，就难有稳定的社会。家庭是组成社会极重要的元素，如果这一元素动荡不安，社会的稳定性必然会受到影响。

此外，美满的家庭还是培养孩子最好的学校，孩子人生中最重要的时间都是在家庭中度过的，家庭对其产生的影响相当重大，甚至会影响他的一生。

家庭教育对孩子产生的作用，是学校教育所不能替代的。对女人来说，她们是未来的妻子和母亲，是家庭中重要的主心骨，更要学着重视家庭的设计与经营。而设计婚姻和经营家庭是一个复杂深刻的问题，需要耗费人的一生来研究和钻研。

时间会改变一切，能将不幸变成幸福，也能将幸福变为不幸，只有时刻意识到这种危机，才能使自己不停止对家庭的花园的用心设计、浇灌和培植，才能使自己拥有一个真正幸福的家庭。

未雨绸缪，构筑防震的婚姻大厦

当下流行的爱情偶像剧里年轻、帅气又专情的富家公子，爱上了平凡又普通的贫民女，然后铸造了一个惊天地、泣鬼神的浪漫爱情故事，牵动了电视机前无数年轻人的心。那些沉迷于此类爱情幻想的年轻人总会这样说：“我要找一个像×××那样的人”。那个“×××”就是偶像剧中的主人公。

可在幻想之外呢？父母们呈现出了活生生的爱情范例。

父母整天谈论的是什么？谁谁家的孩子要结婚了、大米又涨价了、油快吃完了、该交电话费了、咱家孩子将来要找个什么样的对象、别总是抽烟、单位的老×又去领导那拍马屁了……这些对于抱着偶像剧来寻找爱情的你来说，简直是难以接受，你会说：“天啊，这绝对不是真爱。”

大部分人理想中的夫妻对话应该是这样的：“我想你想得快疯了，你知道吗?”“无论在哪里，我总是想着你，你的一颦一笑，你的一举一动!”“你是我的生命，如果没有你的爱，我很快就会枯萎!”

可惜的是，现实中的婚姻生活是实实在在的，不像文学故事或影视剧里面所描绘的那样，它并不能使夫妻双方事事如愿。如果你一味地沉浸在幻想之中，那么你迈入的可能不是幸福的殿堂，而是一条洒满泪水和痛苦的辛酸路。

丹在上高中的时候喜欢上了爱情小说，她沉迷于小说中主人公的生死悲欢，沉迷于里边的爱恨纠缠。她经常给身边的朋友讲述那些爱情话语：“遇见你，我变得很低很低，一直低到尘埃里去，但我的心是欢喜的。并且在那里开出一朵花来。”“所有的爱情里面都有卑微，分量不一而已！因为爱上一个人、在乎一个人，就有妥协，妥协自然就有卑微的成分。在对等的情感关系中，这种卑微是相互的，是男女双方对一份情感的努力和付出。可惜现实生活中的爱情并不是那么的对等。”这字字句句都像是一根在丹心里来回飘荡的羽毛，让她整个心都痒痒的。

同学们总是问她，为何喜欢这些言情故事。她说，那里边有她的梦。是的，16 岁是个爱做梦的年龄，特别是关于爱情。青春在这个时候含苞待放，对于爱情所有的幻想都来自于那些爱情故事中的点点滴滴。上了大学之后，丹依旧喜欢言情小说。无论是在图书馆、校园湖畔，还是在街角的长椅上，她都会捧着一本言情小说看得如痴如醉。

爱情故事读得越多，心里对爱情的渴望就越强烈。暂且不说她此刻能否明了真爱和假爱的区别，单是那份对爱的向往就足以让她变得多情。丹一直在按照自己的理想寻找爱情，就如张爱玲笔下所描写的那样，“于千万人之中遇见你所要遇见的人，于千万年之中，时间无涯的荒野里，没有早一步，也没有晚一步，刚巧赶上了，没有别的话可说，唯有轻轻地问一声：‘噢，你也在这里？’”，这种念头紧紧抓住了丹对爱的所有向往，而她也心甘情愿陷入这个不切实际的爱情幻想里，无法自拔。她爱的不是真实的人，而是自己想象出来的一个形象，完美无瑕的异性形象。

当一个人陷入自我幻想中的时候，就会错过无数次活生生的感情和婚姻。大学二年级，丹有了自己的初恋。然而，毕业之后便各奔天涯。在毕业之后，丹又遇到了几个男人，他们各有不同，但都遭遇了同一个结果，那就是分手。

大多数男人受不了让爱情变得像言情小说一样虚幻，而丹却一次又一次用言情小说中的细节来要求男人，这使她的恋爱之路变得崎岖。跟丹谈过恋爱的男人都觉得很累，他们疲于说出那些重复了多次的甜言蜜语，也疲于去模仿小说中男主角的行为，这让他们感觉这段恋爱是在作秀。丹一次次在爱情面前失落，小说里那些曼妙的男女关系变成打散现实生活里鸳鸯的大棒，而青春也在一次次的失落里悄然远去。

青春之花逐渐凋零，丹对爱情的热情也在慢慢褪去。这一梦就是十几年，从花季到而立，丹的爱情还是一片空白。30岁的时候，丹终于结婚了，她嫁给了一个可以包容她一切的设计师刘洋。刘洋对丹几乎是千依百顺，陪她一起读言情小说，一起分享各自的心得，家务基本上也都是刘洋在做。

可事实上，丹对刘洋并没有炙热的爱情存在，刘洋对丹的包容都像是一厢情愿。丹曾经很苦恼，她想找到一段像言情小说里那样轰轰烈烈的爱情，可最后却找了一个产生不了激情的男人，于是她很是为这段婚姻而苦恼。但朋友都劝她，感情生活应该是这样的，找个你爱的人去谈一场惊天动地的恋爱，然后找一个爱自己的人去结婚，平平淡淡地过完此生。当然，丹刚开始无法接受朋友们的观点，她一直认为婚姻双方应该是彼此付出和索取的，伴侣应该是互相欣赏和互相体谅的，爱情永远都是相互的，爱她的人和她爱的人必定是同一个人。但在结婚多年之后，丹却明白了，爱情的确是相互的，她可以主动去尝试融入刘洋的生活，用心去感受刘洋的爱。于是，丹的婚姻里不再有纠结和苦恼，更多的是快乐和幸福。

“有情饮水饱”是极不现实的说法。因此，当你准备走进婚姻殿堂的时候，一定要谨慎，先问自己以下几个问题，而不要把爱情当作唯一的砝码。

（1）我们有共同的生活目标吗

婚姻意味着你们要一起度过很长的一段时间。你们计划如何度过呢？一起吃饭，跑步？仅仅是这些的话，你可能很快就会感到乏味。你必须和他分享更有意义的事情，有共同的生活目标。在婚姻里有两种情形会发生：你们可以一起成长，或者各自成长。要使婚姻成功，你必须知道你要的是什么样的生活，希望能拥有怎样的人生。

（2）和这个人分享我的感觉与思想时，觉得安全吗

这个问题和你们的品质有关，“觉得安全”意思是说你能开诚布公地和这个人沟通。良好沟通的基础是信任，确定你要结婚的对象是你在情感上觉得很安全的人。

（3）他是个什么样的人

这个世界基本上有两种人：一种是致力于个人成长的人；另一种则是寻求舒适生活的人。那种将过舒适的生活列为目标的人，会把个人的享受摆在第一位。在与他走上红地毯以前，你必须知道这点。

（4）他如何对待其他人

促进人际关系最重要的是给予。所谓给予，是使他人快乐。看看他是否喜欢给予？想想看，他对那些他不需要对他们好的人是怎样的情形？例如，公交车司机、清洁人员等。他如何对待父母和兄弟姐妹？他懂得感恩吗？如果他对那个给他所有东西的人都不懂得感恩，不要期望他会珍惜你。

(5) 婚后我是否希望改变他

有太多人犯了这个错误，就是希望在婚后“改变”他的配偶。你如果无法完全接受他现在的样子，你就还没有做好要结婚的准备。总之，结婚是终身大事，而不是一场游戏。婚姻以爱情为基础，但爱情不是婚姻的全部，如果没有经过慎重的考虑，而糊里糊涂地踏上红地毯，那么不必要的离婚悲剧和家庭危机便会频频上演。

婚姻是一本书，第一章写的是诗篇，而其余则是平淡的叙事文。或许在你看来，两个相爱的人走进婚姻的殿堂，仿佛一切就完美无瑕了。但对于婚姻来说，光有爱情是远远不够的。

婚姻不是爱情，适应两者温差

你是否愿意，无论贫穷还是富有，无论疾病还是健康，或任何其他理由，都爱你的伴侣，彼此照顾，彼此尊重，彼此接纳，永远对爱情忠贞不渝，直至生命尽头？

当一对恋人，在家人和亲朋好友的祝福之下，在神的面前说出“我愿意”之后，他们便携手并肩走进了婚姻。尽管在童话故事里王子与公主走进婚姻礼堂，故事戛然而止，“从此，他们幸福地生活在一起”一句话而已。

实际上，婚姻生活远比爱情来得更长久、更细致和更现实。因为任何一种爱情进入到婚姻状态，就会无可避免地遇到柴、米、油、盐，以及永远做不完的家务等许多问题，恋爱中的风花雪月也会被婚姻中的平淡如水所取代。于是很多人把婚姻比作是爱情的坟墓。这是什么原因？有人说家庭琐事使爱情质量下降；有人说见异思迁是人的本性；有人说是婚后对性的神秘感和吸引力……林林总总，说法不一，但都有一个共同点，那就是婚前婚后有差异，而男人女人对这些差异的认识不够是使婚姻一步步走向破裂的原因。

问一下那些婚姻美满的夫妇，就会知道有时候爱情与婚姻是可以共同拥有的。婚姻是爱情的坟墓，只能说明夫妻双方不懂得如何去设计这一段婚姻。相信当两个人决定结婚前，一定是彼此有感觉的，只是婚后的日子让爱情变平淡了。这仅仅是因为婚前与婚后存在着巨大的差异。而许多人说婚姻是爱情的坟墓，也是因为没能认清婚前与婚后所存在的差异。那么爱情和婚姻到底有哪些差异呢？

（1）爱情更多的是权利与享受，婚姻更多的则是责任

有人说：爱情就像闪电一样，而婚姻就是为这闪电付电费的。一般来说，爱情基本上是自由的，爱谁不爱谁是你的权利，但是结了婚就不一样了。如果说结婚前是在选择你所爱的人，那么结婚后更多的是你得去爱你所选择的这个人。人在一生中或许不止爱恋一个异性，但和其中一位结婚之后就要克制对其他异性的爱。英国哲学家罗素在《婚姻革命》一书中写道："毫无疑问，因为婚姻而拒绝来自他方的一切爱情，就意味着减少感受性、同情心以及和有价值的人接触的机会。"

（2）爱情是发展变化的，而婚姻是相对固定的法律契约

结婚一段时间之后，爱情的激情慢慢离去，双方身上的弱点暴露得越来越多，彼此的新鲜感逐渐消失，爱情之花逐渐枯萎，具有法律契约性的婚姻就可能变为无爱的折磨，它不会消失，而是实实在在地存在着。

（3）爱情更多的是一种失重，而婚姻更多的是一种平衡

谈恋爱的时候，基本上处于一种失重状态，晕晕乎乎的，很多时候忘乎所以，什么话都敢说。但如果结婚后还总是处在失重状态，你的婚姻肯定长久不了。所以说婚姻更多的是一种平衡。有人说"恋爱期间人的智商都变得很低"，是很有道理的。结婚几年后，如果把你当初写的情书拿出来念给妻子听，或许她会诧异当初你怎么能说出那种肉麻的话来。

（4）爱情更多的是感觉，而婚姻更多的是事业

爱情更多的是两个人的感觉，想怎么感觉就怎么感觉，可以跟着感觉走；而婚姻是事业，你需要在婚姻里靠打拼活下去，要给彼此以及你们的孩子、父母幸福，你必须去建设、去经营，靠感觉过不了日子。

（5）爱情更多的是两个人的私事，而婚姻是涉及他人的公事

结婚之前，你想爱谁就爱谁，不爱了可以分手，闹矛盾了往往自己去处理，不会有父母、亲戚等其他人的切身利害关系。婚姻是涉及其他人的，并且是在法律契约的层面上，必须对双方家人及自己的孩子负起一定的责任。

婚姻不再像恋爱那么简单了，它不单单只是一纸契约，还有更多的责任在肩上，虽然家务事上有许多的烦恼，可是你如果爱他，还是要忍一忍为他牺牲一些。日子就是在这种磕磕碰碰中度过的，人的一生也就到了尽头了。

点燃爱的一盏灯，照亮幸福前景

他和她结婚时家徒四壁，一无所有，除了一处栖身之所外，连床都是借来的，更不用说其他的家具了。然而，她却倾其所有买了一盏漂亮的灯挂在屋子正中。他问她为什么要花这么多钱去买一盏奢侈的灯，她笑着说："明亮的灯可以照出明亮的前程。"他不以为然，笑她轻信一些无稽之谈。

渐渐地，生活好过了。他们搬到了新居，虽然那盏灯已用不上了，但她却舍不得扔掉，小心地用纸包好，珍藏起来。

不久，他辞职下海，在商场中搏杀一番后赚得千万财富。像所有有钱的男人一样，他也招聘了一位漂亮的女秘书，很快女秘书成了他的情人。他开始以各种借口外出。后来干脆无须解释就夜不归宿了。她苦口婆心地劝他，千方百计地挽留他，但均无济于事。

这一天是他的生日，她告诉他无论如何也要回家过生日。他答应着，却想起漂亮情人的要求。犹豫之后他决定先去情人处过生日后再回家过一次。

情人的生日礼物是一件高档的衬衫。他随手放到旁边，这种东西他已经拥有太多。半夜时分他才想起妻子的叮嘱，忙急匆匆地赶回家中。

远远看见笼罩在黑暗中的楼房有一处窗户明亮如白昼，他看出那正是自己的家，一种遥远而亲切的感觉在心中升起。当初她就是这样夜夜亮着灯等他归来的。

推开门，他看见她正泪流满面地坐在丰盛的餐桌旁，那么的孤单和落寞。见他归来，她站了起来，淡淡地说："菜凉了，我去再热一下。"

他没有阻止她，因为他知道她的一片苦心。当一切准备就绪之后，她拿出一个纸盒送给他，说是生日礼物。他打开，是一盏精致的灯，她流着泪说："那时候家里穷，我买一盏好灯是为了照亮你回家的路：现在我送你一盏灯是想告诉你，我希望你仍然是我心目中的明灯。可以一直照亮到我生命的结束。"

他心中充满了愧疚，感动的泪水涌出眼眶。一个女人选择送一盏灯给自己的丈夫，应该包含着多少寄托与企盼！而他，愧对这一盏灯的亮度。

他最终回到了她的身边，选择了妻子，放弃了情人。

因为他已明白爱是一盏灯，不管它是否能照亮他的前程，但它一定能照亮一个男人回家的路。因为这灯光是一个女人从心底深处用一生的爱点燃的。

夫妻之间平常的日子变成了许多人心里的白开水。女人眼里的丈夫也变得平庸，男人眼里的妻子变得没有了韵味，夫妻之间的话也逐渐少了，日子逐渐淡漠，家里的气氛逐渐寂寞。夫妻的感情也逐渐冷淡。一个没有用心呵护的家，成了许多人压抑甚至产生逃避的方式，尽管还有些理不清的不舍，可是，感情的距离让两个人的心慢慢地走远，造成感情破裂，成了无言的结局。

佛说：百年修得同船渡，千年修得共枕眠。共同走过了激情燃烧的岁月，夫妻之间在柴米油盐酱醋茶的日子里，逐渐演变为了一种亲情，对于爱的概念，逐渐困惑和陌生。在忙碌奔波的日子里，患难与共，相互依赖，忽略和淡忘了情感的激情和缠绵，平淡的日子成了我们平常生活的公式，脸上的沧桑写满了沉甸甸的责任。既然选择了这个宿命，就是命中注定的缘分，除了呵护和珍惜，似乎已经没有别的选择，这是夫妻之间对这个家的理性，也是责任。

很多人都在尝试摆脱世俗的束缚，要去人生的另一个站台，可是很多人走进另一个站台后，不但没有抚平伤痕，反而伤痕累累，身心俱焚。所以说，一个家的责任是很重要的，我们需要双方精心去酝酿，共同努力去建造，才能够使它更加温馨和牢固。夫妻之间相处是一门学问，需要我们不断地学习和改进。

女人的爱是男人前行的一盏灯，有了这盏灯，这个家才会明亮，这个家才会和谐，这个家才会幸福和快乐。所以，希望我们每个人都应该用爱心去对待这个人，用责任心去呵护好自己的家。

莫攀比，幸福会在比较中迷失

对婚姻而言，比较是有百害而无一利的，它会蒙蔽我们感受幸福和感知美好的眼睛，带给我们的只是恶劣的情绪，没有一点儿积极的东西。女人，千万不要在盲目的比较中迷失自己的幸福。

“小娜的男友体贴温柔，又疼爱他，他给小娜买了一件风衣都花了两千多，我到现在还没穿过超过两百元的衣服呢。”

“你在这家公司工作了这么久了，没你去得早的同事涨工资的涨工资，升职的升职，就你原地踏步，你怎么一点儿上进心都没有呢?”

留心一下，在我们生活中，会听到很多妻子这样的抱怨声。她们会不由自主地拿自己的男人和别人家的男人进行比较。比如，男人对待爱情的态度、事业心、责任感以及升值潜力等。说来说去，这无非是女人的攀比心理在作祟。

这样的事儿，你有没有做过？

或许，你认为，这样的比较是为了刺激老公，让他能够向别人看齐。可是，抱怨真的有用吗？结果大多是，他并没有因为你的抱怨而更加努力，更加奋发图强朝着你的要求去做，反倒越来越反感，家庭矛盾越来越严重。

孟欢结婚快十年了，她和丈夫还有一个七岁的可爱女儿。在外人眼里，孟欢温柔漂亮，老公帅气能干，女儿可爱聪明，一家三口幸福美满。可这个看似美满的家庭早已硝烟重重，夫妻甚至写了离婚协议。为什么呢？

原来，孟欢老嫌弃丈夫工作十年了一直只是个小职员，而她的闺蜜们的老公职位高，又有钱。开始时，丈夫还笑脸相迎，可久了他就不耐烦了。这不，他俩又因此爆发了激烈的争吵。

“老公，小洪家刚买了新房，人家那大房子那叫气派。”

“你看看你，在单位混十年了还是个小职员，人家小敏的老公早就当副经理了，你再不赶紧往上爬，恐怕以后就没有什么机会了。”

“我就这样了，我这人不好争，你当初嫁给我的时候又不是不知道，而且平平淡淡，有吃有喝，咱们一家不也挺好嘛！”

“挺好？你那就叫没出息！你让我和女儿就这样和你窝囊地过一辈子？我真后悔，当初怎么看上你这么个不求上进的东西！”

“我工作勤勤恳恳，对家庭尽心尽力，我怎么了？你为什么非要让我跟别人比呢？你要是真的觉得别人比我好，那好，离婚吧，你去找一个你觉得好的人过好生活去吧！”

“好啊，你给不了我比别的女人更好的生活，居然想和我离婚，离就离！”

比较，是女人不幸福的根源。为何会出现这样的结果呢？

从女人的角度来看，由于通常缺乏主见，她们常常不能正确地判断事情的对与错，所以就会拿那些自己认为比较完美的人生来作比较，当作人生的坐标，甚至一切都以别人为准。尤其是当看到别的男人的优点恰巧是自己丈夫的缺点时，心里会越发不平衡，就希望自己的丈夫能够也朝那个方向发展。

从男人的角度来看，许多男人都想体现自己的价值，但是由于主观和客观条件的限制，并不是每个男人都可以实现自己的目标。男人坚强的外表下有一颗敏感、脆弱的心，最不能承受的就是别人的否定和贬低，特别是自己的妻子，这会让他们受到伤害，产生怨恨心理。甚至，有些男人不可能善意地理解女人的初衷和愿望，在他们看来，女人拿自己与别人比较是在挑剔他们、表示不满，是对自己和家庭的严重背叛。他们还会绝情地想到，如果你不满意，为什么你还不马上离开？

由此可见，那些只会以羡慕别人来寄托自己生活价值的女人，实在没有多大的意思。那些长他人志气灭自己威风的话，不但会令自己的丈夫厌烦，还可能严重地危及他的自信心，使其丧失男子汉气概。由此而出现的感情、婚姻等方面的问题也就层出不穷，根本谈不上安宁与幸福。

当然，有的女人的确值得我们羡慕，但是你必须要意识到，在这个世界上并不存在十全十美，那些我们所羡慕的女人，同时也在承受着她们的不如意。我们知道，女人虚荣的本性常常使她把风光的一面示人，但又有谁能真正看到别人风光的背后呢？所谓“家家都有一本难念的经”，正是这个道理。

凡事就像一枚硬币，有正的一面，就有反的一面。生活也不例外，它是公平的，你得到了什么，都要以另一种方式付出代价。当羡慕别的男人高收入和风光时，不妨想想他通宵达旦地加班，彻夜不眠地思考，马不停蹄地奔波，你要独自守家黯然神伤；当男人有金有权和浪漫多情时，你要时刻备好武装驱赶他身边的桃花，你还要同他周围复杂的人脉周旋应酬……不是吗？

放轻松一点吧！人与人之间的差异是永远存在的，每个人的处境机遇都不同，比或被比，都不是寻找这种美好生活的正确途径。那些真正得到幸福，受众人羡慕的女人，不完全是因为她得到的多，而是因为她善于经营，懂得通过观察别人的长处来修正自己的短处。与其羡慕别人的好运气，不如借鉴别人努力的过程；与其仰望别人的幸福，不如注意别人经营幸福的方法。

对于每个人来讲，不完美是客观存在的，但无须怨天尤人。生命的可贵之处，在于看到不足之处之后，能坦然面对，并及时弥补。你不妨拿他和自己比比，看看他是否对你更体贴了，是否越来越成熟了，是否离期望的目标越来越接近了。这永远比羡慕别人来得要实际得多。

更何况，人生就好像是一场人人皆参赛的“龟兔赛跑”，谁跑得快或慢，成功或失败，不到最后一秒钟谁也不知道谜底。所以，男人暂时垫后时，你不必立即陷入比较的泥淖，更无须变得急躁、焦虑，如此才能有成功的契机。

素红和素绿是一对双胞胎姐妹，她俩从小就开始了比较，比长相、比学习和比工作，结婚后更是比老公。素红的老公才华、人品及家世都好，所以步入社会后，事业一帆风顺，短短几年就位居某公司经理；而素绿的老公虽有才能，不知是努力不够还是运气较差，几年下来工作始终不如意。

刚开始的时候，素绿很是着急，一度眼红于姐姐的幸福，抱怨丈夫没有姐夫能干，但调整心态后她不再比较，而是鼓励丈夫努力培养自己的实力。几年后，姐夫因经营不善，使公司面临财务危机；而丈夫脚步虽慢，但稳扎稳打，以其多年累积的经验、实力及资源，获得了施展的空间，而使事业渐入佳境。

到底是他太没进取心，还是你太有虚荣心？与其用比较发泄对男人的不满，何不用感恩的心去感受他，用体贴的行动去鼓舞他。不管做没做到，只要尽力了他就是好男人，只要他不断进步就是好事情。

永远不要盲目地去羡慕别人，当你学习不拿他与别人比较时，懂得好好珍惜和善待他，他会感受到你的尊重和欣赏，也就更能清楚自己的方向和目标。于是，情感不断升华，爱情有了新的生机，婚姻有了新的激情，生活有了新的希望。

学会爱的语言，填满夫妻爱箱

恋爱和婚姻不仅仅是本能，更需要用心学习，努力维护，并尽力避免一些不和谐因素的出现，最重要的是夫妻学会处理冲突，并借着“爱的语言”来建立夫妻间的友谊，使得两性之间得到更深的亲密感。

一对结婚60年的老夫老妻，竟以悲剧而告终，老先生用斧头将老太太砍死，只是因为猜疑老太太把他家的祖产卖掉了。这天，老先生趁着两人单独相处之时，杀害了老太太。据报道，老先生行凶时，手上还戴着政府去年颁发给他们的特别礼物，一枚恭喜他们白头偕老的钻石婚戒指。

另一则是著名银色夫妻布普斯·威利和黛米·摩尔在谣言漫天数年之后，以离婚结束了他们11年的感情生活。这一对佳偶曾经羡煞了多少人！一个威武有力、魅力十足，一个娇媚多情、光彩四射，想当初他们的结合是多么风光，多么引人注目，而今，物换星移，丈夫怀疑妻子不忠，妻子厌恶丈夫的不信任，终于反目成仇，各奔东西。

这两个悲剧的酿成，都是因为当事人没有学会爱的语言。夫妻均是因爱而结合，当两个原先陌生的人组成一个家庭后，爱不仅要放在心里，更应该用实际行动或语言表达出来。美国著名的婚姻家庭专家盖瑞·查普曼博士在他的著作《爱的五种语言》中列举了以下几种爱的语言：

(1) 肯定的言辞

著名作家马克·吐温曾说："一句称赞的话，可以让我活两个月。"如果我们从字面上来解释，一年中有六句称赞的话，就能使马克·吐温的爱箱保持在可操作的水平。但你的伴侣恐怕需要更多一点。

感性地表达爱的方式之一，是用赞扬的语言。许多夫妇从不知道以言语肯定彼此，也不知道肯定的语言会有惊人的力量。古希腊智慧之神所罗门说："人心忧虑，屈而不伸；一句良言，使心欢乐。"

口头的赞扬或欣赏式的话语，是沟通爱的有力工具，而这些最好都以简单、坦率的肯定字句来表达。例如：

"你穿那套西装，看起来很帅！"

"你是全世界最好的厨师，我真喜欢你做的这些菜。"

"我真感谢你今天晚上帮忙洗碗。"

"谢谢你今晚安排了保姆看孩子，我知道，你在乎我。"

"谢谢你把垃圾袋拿出去。"

如果丈夫和妻子经常听到这些肯定的言辞，婚姻生活会有什么变化呢？不妨从现在、从今天做起，称赞你的伴侣为你做的每一件事。

爱的目的不是得到你想要的，而是为你所爱的人去做些什么。无论如何，这是事实。当我们听到肯定的言辞时，我们就会被激励，并愿意回报。

（2）精心的时刻

精心的时刻，不是说坐在长沙发上一起看电视，当你那么做的时候，是电视台吸引了你的注意力，而不是你的伴侣。你们应该关了电视，注视着彼此并交谈，给对方全部的注意力；也可以是散步，但只限你们俩在一起；或者上个小馆子，彼此注视着对方交谈。你有没有注意到，在餐馆里，你几乎总是看得出婚前约会的男女和已婚夫妇间的不同：约会的男女会彼此注视着交谈，而已婚夫妇则坐在那儿东张西望，你会认为他们的目的只是去吃饭。

如果你跟妻子坐在沙发上 20 分钟，那么你们是把生命中的 20 分钟给了对方，这 20 分钟过去就不会再回来。你们彼此的给予是爱的一种有力的传达方式。

（3）接受礼物

如果你的伴侣主要爱法是接受礼物，那么，你就可以成为送礼物的高手。事实上，这是最容易学到的爱的语言之一。此外，还有一种无形的礼物，就是你自己，你可以把自己作为厚礼，献给你的伴侣。

礼物是这样一件东西：你可以拿在手里，说“你看，他想到了我”，或者“她仍记得我”的东西，你一定是想念什么人，才给他礼物。礼物本身就是思念的象征，它是否值钱，无关紧要，重要的是你想到了他，而且仅仅在你心里的想法不算数，只有你的思想经由礼物实际地表达出来，而且把它当作爱的表示送出去才算数。

礼物有各种尺寸、颜色和形状，有些昂贵，有些不花一分钱。对于接受礼物的人来说，礼物的价钱并不重要，除非那成本跟你的预算太不相符。如果一个家产百万的富翁，经常送一块钱的礼物给另一半，那么他的伴侣可能就会猜疑，那是否是爱的表示；可是，当家庭经费有限的时候，一块钱的礼物也可以表达一百万的爱。

礼物可以是买来的、找到的或者自制的。丈夫在路旁停下来，为妻子摘一朵野花，这是一种爱的表示，除非他的妻子对野花过敏。对于负担得起的人，可以花几块钱买一张美丽的卡片；对于负担不起的人，可以在废纸堆里找张纸，从中间对折，用剪刀剪出一个心形，写上“我爱你”，然后签上你的名字。这些都可以表达出你对另一半的深深爱意。

（4）服务的行动

所谓服务的行动，是指做你的配偶想要你做的事。你借着替他服务，而使他高兴；借着替他做事，来表示你对他的爱。

这样的行动包括：做一餐饭、把餐具摆在桌上、洗碗、用吸尘器清理地面、清洗抽水马桶、把水槽里的头发拿出来、擦掉镜子上的白点、清理车窗上的小虫、把垃圾袋拿出去、替孩子换尿布、粉刷浴室、擦拭书架上的灰尘、换猫的沙箱以及换金鱼缸的水等，这些都是服务的行动。而这些服务需以思想、计划、时间、努力和精力来投资。但如果是以正面的精神来完成，那就真是爱的表现。

（5）身体的接触

身体的接触可以建立或破坏一种关系，它可以传达恨或者爱。对喜欢身体接触的人来说，身体的触摸远胜于“我恨你”或“我爱你”的字句。

我们早就知道，身体的接触是沟通情感的一种方式。在儿童发展方面，无数的研究证明：有人拥抱、亲吻的婴儿，比那些长期没人理会、没能接受身体抚触的婴儿，在情绪发展上会健康得多。有关抚触婴儿的重要性，不只是现代的想法。

有智慧的父母正是那些不论在任何文化中，都能抚触孩子的父母。

身体的接触，也是沟通婚姻之爱的有力工具。牵手、亲吻及拥抱，都是跟伴侣沟通的方式。对有些人来说，身体的接触是他们主要的爱语，缺少了它，他们就感觉不到爱；有了它，他们情绪的箱子就满了，而且在伴侣的爱里，他们会觉得安全。

爱的语言分为五种，我们可以思考一下自己的主要爱语是什么。如果对方做什么或不做什么，会爱你最深，那这种语言就是自己的爱语。有时，自己喜欢用某种爱语去爱对方，这种爱语往往也是自己需要的爱语。平时请求伴侣最多的也是自己的爱语。我们要先找到对方的爱语，用对方喜欢的表达方式去爱对方。也要通过与伴侣的交流，让对方清楚自己的爱语，来装满自己的爱箱。为了守护我们的爱情，我们要说："亲爱的，你希望我做什么，才能充满你的爱箱，我愿意无条件为你去做。"让对方明白你是在乎他的。

了解爱的语言，并努力去做，我们的爱箱就会被装满，达到爱心满溢。

再忙，也要留出共浴爱河的时间

在美国，人们喜欢讲这样一个故事：一个美国孩子问爸爸一小时能赚多少美元，父亲告诉他是20美元。于是，孩子向父亲借了10美元，并将自己辛苦存的10美元零用钱一起拿给父亲，说："爸爸，我现在有20美元了，我可以向你买一个小时的时间吗？明天请你早一点儿回家，我想和你一起吃晚饭。"

在竞争如此激烈的社会，每个人都设法在工作中找寻自己的位置，拼命打拼，从而忽略了孩子，忽略了家庭，忽略了和对方共浴爱河的时间。而且，当"一日不见如隔三秋"的恋恋之情落入朝夕相处的现实枝蔓，当卿卿我我缠绵悱恻的热恋高烧回归平淡生活的正常体温，当"爱你至死不渝"的海誓山盟成为按揭买房、孩子入托之类的具体事务时，原先情话多多的恋人结婚后都变成了沉默寡言的夫妻，婚前的浪漫似乎早逝，蜜月的温情似乎不再。忙忙碌碌中，忽然有一天，是不是你也会想到这么一个问题：多久没有一起散过步，多久没一起逛过街、没去过公园、没看过一场电影、没外出一起吃顿饭。在短暂的人生中，有好多时间是为了生计在工作学习，还有好多时间在陪朋友，可还有多少时间陪爱人呢？

快节奏的生活，使我们忽略了很多婚姻生活中美好的东西，甚至忽略了生活的本身。有的时候，我们自己都忘记了我们如此繁忙是为了什么。其实，忙碌的目的是使自己和家人生活得更幸福。既然夫妻之间不快乐，为什么不放下手头的工作，和家人聊聊天，和爱人喝喝茶？生活的幸福就在这些温馨的细节里，没有幸福的感觉，忙又有什么意义呢？

小王的老公是个典型的“宅男”，平时扎在家里不爱出门，在网上鼓捣一些他感兴趣的东西。甚至在小王怀孕那会儿，他都经常推辞，难得陪小王出去走走。时间久了，小王希望她老公能偶尔陪她出去走走。在一天下班后，小王给老公打了个电话，告诉他：今天早点儿做饭，吃完马上出去遛弯儿，绝对不可以取消这个约会！直到她老公答应了，才放下电话。

吃罢晚饭，两人走在大街上，高兴时就拉着手，累了就挎着胳膊，边走边有一搭没一搭地说话，看着街边夜色里同样一对对散步的夫妻情侣或者路边跳舞健身的人们，小王的心中涌动着说不出的幸福与满足——人生在世，一共会有多少个这样的夜晚？趁着健康平安的时光，人是不是更应该珍惜与家人相处的日子？就像饭后一起散个步，很简单的运动，健身怡情，夫妻之间其乐融融——何乐而不为之？

生活不是一潭死水，也不是各忙各的。在工作之余，兴趣爱好之余，留一点与爱人共处的时光，是平淡生活里不可或缺的幸福来源。夫妻之间，即使做些很简单的事情，只要同心，自己就会觉得知足，生活也会变得充满乐趣。都说最浪漫的事情是一起变老，就是那种随着时光流逝，老了以后有许多共同回忆的过去，不管是一个午后，还是一个深夜，都足以令人回味终生。

阿洁是一家保险公司的部门经理。在这个行业，她苦苦拼搏了八年。

几年前，正当业绩连年攀升时，阿洁隐隐感到，幸福的婚姻正在慢慢地走远。她和丈夫忙着各自的事业，交流的机会、共同的话题越来越少。在一阵“冷战”之后，他们友好地分手了。

离婚后，她用工作驱赶寂寞。后来，她晋升为部门经理，但她更忙更累了。每天，她早晨七点钟离家上班。每晚，她阅读业务书刊三小时左右。这样，她每天的工作时间在15小时以上，并四年如一日地坚持着。

她说：“累了和病了时，很想找个坚实的肩膀靠一下，但在忙碌中，我把爱情弄丢了。”

茫茫人海中可以找到一个心爱的人，这是多么大的福气，或许没有你想象得那么好，应该也不会糟糕到哪里，所以，在彼此拥有的时候，就要知福、惜福，好好珍惜，不要让忙碌侵蚀我们的爱情。

失去的东西总是最好的，消逝的感情总是刻骨铭心的。一个人的生命里，擦肩而过的人有千千万万，有几个是知音？有几个是深爱自己的人？所以，与其众里寻他千百度，不如疼惜眼前真情人。

可是，爱情再怎么坚固，也无法承受忙碌的侵蚀。你忙得天昏地暗，你忙得忘记关心，你忙得身心疲惫，你忙得无所适从。然而，不知你是否明白，爱情不是等你有空才会存在。

忙不是理由，累不是借口，再忙也不能忘记身边还有一个默默付出的人。无论有多忙，都要记得给对方关怀，都要留出彼此共同拥有的时光。

七分爱他，三分爱自己

女人对男人的爱就像空气中的氧气一样，围在男人身边。女人对男人好，男人便会觉得像呼吸无污染的氧气一样舒服。女人再体贴些，对男人更好一些，男人就像进入吸氧吧。这个时候如果女人对男人的好戛然而止，或者稍有间断，男人就会觉得一百个不舒服。因此，即使你爱他爱到无可救药，也要装作只有七分爱。

一个善人很心疼街边的一个乞丐，每天都向乞丐的碗里放一块钱，天天如此。可有一天，乞丐发现此人将一块的硬币换成了5角的，乞丐不解地质问为什么，对方摊了摊手："因为我结婚了。"乞丐很生气地叱问："你怎么可以用我的钱去养你的老婆！"

可见，如果你总是使着劲儿地对一个人很好，日久天长，对方便会习惯你的给予，渐渐地把你的付出当作了理所当然。一旦有一天，你减轻了给予的分量，你在对方心中的位置立刻就会一落千丈。这也正是许多女人的困扰：我对他付出了100分的好，为什么却敌不过一个偶尔只付出了10分的人？

女人会因为爱一个男人而对他百般照顾，同时也希望得到同等的待遇。男人却不喜欢这样，他们只会享受。习惯这种来自女人的“好”，渐渐地，他们忘记了“好”是出于爱，而把女人对他的“好”当作理所当然的事。即使好上加好，也是平常，没什么值得注意和感激的。

海燕是家里的独生女，父母的“掌上明珠”。人生的前二十几年，她几乎不知道家务活“长”什么样子。自从认识了老公，她的角色完全变了。

刚开始觉得新鲜，给老公做了几顿饭；为了表现一下自己的“贤良淑德”，帮老公洗了几件衣服，没想到之后这些都成了她的“家常便饭”。

一开始，海燕以老公的“大男子主义”为傲，她觉得，男人就要有点儿男人的样子，如果整天都混在锅碗瓢盆之间，哪还有什么阳刚之气啊！于是，她从不让老公做家务，把他当孩子一样宠着。时间长了，老公认为海燕做家务是理所当然的事，从不帮忙。

家务活做久了，海燕的立场开始动摇了。在她吃完饭想要休息却不得不无奈地走进厨房收拾残局时，老公却在客厅的沙发上一边嗑着瓜子，一边对电视情节指指点点。海燕只能叹气、无奈，同时又觉得自己可怜。

如果只是单纯地洗衣做饭，海燕也许能够忍气吞声地继续下去。但被宠坏的老公变本加厉的行为让她忍无可忍，她终于爆发了。

一次，家里的电风扇坏了，海燕让老公拿去修理一下。老公说：“我工作了一天太累了，你去吧。”于是，海燕不得不自己拿着电风扇去修。

走在路上，海燕越想越气：你工作累，难道我早出晚归是去玩了吗？白天同样要上班，晚上不管回来多晚，你永远是跷着二郎腿看着电视，悠然自得的样子，有时还会催促我快点儿做饭。想着想着，海燕的心中燃起来一股无名火，不干了。她把电风扇扔在门口，大摇大摆地回到家，一句话也没说就进了房间，锁上房门。她要好好地睡上一觉，休息休息……

这下，轮到老公愤怒和傻眼了。面对老公怒气冲冲的表情，海燕什么也没说，一甩手回了娘家。

几天之后，老公耐不住了，前来求饶。海燕答应回家，但条件是：以后家务我心情好的时候可以做，心情不好时，由你来承担。老公欣喜如中大奖，答应了所有条件。

你还在以为，百依百顺就能够得到男人的心吗？聪明的女人绝不会对男人千依百顺、照顾有加，因为她们懂得“过犹不及”的道理。

聪明的女人不会把男人太当回事儿，更不会百依百顺，当然她们也并不是铁石心肠，看到男人工作之后疲惫，看到男人对自己悉心的呵护，她们会记在心上。只是她知道一旦自己表现出感动，给予了过多的回报之后，男人就会变本加厉地想要更多了！

尽管如此，并不代表她们会一如既往地对男人“狠”下去。偶尔也会来点儿温柔体贴，让男人感动得一把鼻涕一把泪的。这正是她们的聪明之处，能很好地把握爱的温度。

（1）不要一味地迁就

好男人是调教出来的，不是迁就出来的。即使你爱他，也不要一味地迁就他。如果女人没有自己的主张，没有自己的想法，或是即便有自己的看法也不与男人辩解，因为爱他就一味地顺从他，这样反而会助长男人一些不好的习惯。

（2）不要把全部心思都放在他身上

你与他在一起的时候，不要把全部心思都放在他身上，一味地去做爱的表白，要学会兴致勃勃地谈些与他无关的事情。当你对身边的事物表现出极大的热情时，他心中的爱就会被点燃，这下就该轮到他痴痴地等电话，赴约会，没完没了地表达爱意了。这样，你们之间的感情反而会升温。

（3）不要永远为对方着想

女人以为只要在家里对丈夫礼貌、体贴、处处为他着想，不让丈夫讨厌自己，就是个好妻子。然而事实恰恰相反，久而久之，丈夫定会厌烦失去自我的你。女人不必总是顾及自己的男人，而应大胆地做认为应该做的事。

（4）永远不说多爱他

爱就是捧在手中的沙，当你轻捧的时候，它会圆满地被你捧在手中；而当你握紧的时候，它就会从你的指缝间溜走。聪明的女人懂得适可而止，知晓给对方一个自由的天地和思考的空间，该放手时且放手，不让他感到窒息。你越是说多么的爱他，就越会增大他的心理压力，使他反而从你身边逃开。

（5）不要做无私奉献的女神

步入婚姻中的女人，千万记得别对男人付出太多。对你的付出，男人并不总是会生出感激之情，并“投桃报李”。付出太多只能使你的男人失去以前的勤快，变得懒惰，对你的依赖性增强，并养成一种依赖的习惯。出差，家里没有你的存在会是一片狼藉，地板不会擦，被子也不会叠；没有你的存在，厨房里的餐具和你走的时候一模一样。所以，不要对你的男人无私奉献。你把他当成上帝，匍匐在他脚下，到头来只能是咎由自取，自酿的苦水还得自己喝。

如果真的很爱对方，那也只能爱对方七分，留三分爱自己。先爱自己再爱别人，这样才能更好地去爱，更好地去把握。保持七分爱的距离，可以持久地产生一种美感，也可以让你的爱情和婚姻永远清新怡人。

要疼他、爱他、宠他及尊重他，但不能一味地惯着他。别再埋怨男人什么也不懂。可能那是你对他的照顾太周到，好过了头。一个幸福美满的家庭，是靠两个人共同创造的，而不仅仅是单方面的付出。

第六部分

问世间情为何物，不过是“一物降一物”

怎么管好男人，放养还是圈养

还没有结婚时，借着某个由头，男人会拐弯抹角地问女人，结婚后会不会约束他的自由。也许当时女人会痛快地说“不会”。但是婚后，已经是妻子的女人肯定少不了每天嚷嚷：必须洗澡才能上床睡觉，臭袜子不可以乱扔，工资必须悉数上交……

在婚姻中，许多丈夫都为妻子的束缚而感到苦恼。比如：他坐在沙发上的姿势不好看，你一看他那种大爷式的派头就气不打一处来。他包饺子时喜欢包成三角形，你数落他能不能按照你家乡的风俗包成菱角形？

你有没有注意到在你无所不在的束缚下，他越来越无所适从？有一天他终于爆发了。那是在你希望他将皮鞋擦一擦再出门时，他忍不住了，说：“够了，我不想找一个老妈子过日子，你有完没完？”

你惊愕，继而是伤心，失望。你做这一切完全是为了他好，而他的反应为什么这样激烈？

“没有什么能够阻挡，我对自由的向往”，这句歌词唱出了很多男人的心声。男人害怕不自由，害怕进入婚姻就是进入牢笼。难道，自由与婚姻真是一对永恒的矛盾，男人不能放弃的自由和女人必需的安全感两者之间真的无路可走吗？

婚后的女人喜欢约束着身边的男人，觉得结婚了，就该是两个人的生活，要完全拥有对方，这是一个致命的想法。每个人都是一个独立的个体，不属于任何人，哪怕是结婚了，也并不意味着就完全属于对方，也不意味着彼此可以支配对方的一切。

也许男人开始还会为有人能这么关心自己而高兴，但渐渐地，他们会感觉这是一种经常性的人格骚扰，最后索性把它看成一堵心墙，把自己闷得够呛。被女人“过度拥有”最明显的例子，就是整天接到她的电话，经常被盘问行踪，每一个决定都要看她的意思，像家里的老妈子一样。男人也会因为女人无限增加的“拥有之爱”，开始毫无理由地对任何小事感到内疚。比如，妻子和你出游的时候突然说：“你怎么没穿那件衬衫?”看着她那副沮丧的样子，你很不忍心，于是立刻道歉，甚至回去换一件。假如问她咖啡里要不要放糖，她马上又伤心起来，好像自己对她却那么不经心。一旦被“拥有”到了难以忍受的地步，男人也就只有不顾一切地逃离女人了。

我们说，夫妇之间应当敞开心扉，但这并不等于说，自己就有权要对方“彻底交代”所有的感情。实际生活中常常有人处理不好这种关系。有的女人想方设法得到对方的“口供”，只有这样心里仿佛才踏实一些。殊不知，这种盘问最容易伤害对方的自尊心，弄不好，彼此心灵深处的缝隙也就出现了。

我们急于将身边的这个男人牢牢地控制，未必是明智之举。先不说男人的阳奉阴违，单说男人的天性吧，他总是越受控制越反叛，哪里有“压迫”哪里就有“反抗”。

爱他，并不是强迫他跟你一样吃面、穿同一条裤子、玩同样的游戏、以同样的速度和效率做事。每一个人是不同的个体，相差很大，尤其在生活习惯和小节上。妻子最大的错误就是试图把老公改造成自己希望的类型。尊重，就是尊重他的人格和生活方式，不把他关在笼中当你的“困兽”。

处理彼此差异最好的方式，是在不影响双方的大方向上，只要不是太大的缺点，他爱怎么着就怎么着，要让他生活得自由、轻松、愉快。这就是最大的尊重。要改变也是慢慢地、逐步地，像随风潜入夜一样，别指望他一夜变个人。这样，你的伴侣就会逐渐习惯你的存在，慢慢适应你对他的关怀和抚爱，也乐于去为你改变。

总之，在婚姻生活中，妻子应适当地给丈夫某种程度的自由。这样，丈夫就不会恐婚，你们的感情生活也更加稳定和谐。作为妻子，你应该给丈夫以下五种自由：

（1）经济自由

传统的女子信奉“抓住男人的胃”就是抓住男人的心，而现代女子更乐于抓住男人的经济命脉，因为她们笃信一条：男人一有钱就变坏。为了防微杜渐，防患于未然，不少妻子对此表现出了巨大的热情，不仅掌握老公的“收”，更要严控其“支”，以为这样便能够破坏男人变坏的基础。

要知道，这么做不仅抓不住丈夫的心，还会使丈夫在朋友面前顶着怕老婆的名头，在很多时候大失颜面；另外，他还可能背着你偷藏私房钱。

（2）野心自由

男人的野心是最宝贵的财富，使男人永久地保持着对生活的激情和期待；但同时这也是男人的隐私，除了最爱的女人，他恐怕不会公开拿出来与人分享。

很多时候，对家庭的责任才是男人奋斗的原动力。就算只是一个现实的理由，最起码你也是受益者。所以，不要随便去嘲笑或扼杀男人的野心，要允许他适度的梦想，哪怕是幻想。没有幻想的男人通常也不会有野心，而这样的婚姻不但味如嚼蜡，也没有目标和希望。

(3) 交友自由

如果说“色”就是男人朝夕相对、同床同睡的老婆，而“友”是开裆裤朋友、大学同学、客户或某俱乐部同好的话，在心理层面来看，交友的自由对于男人，关乎他们的价值观、社会关系等方面。

如果这项自由被女人固执地取缔，最直接的恶果就是造成男人对婚姻的失望。妻子不认同甚至限制他与朋友的相交相处，就很难再令他对妻子充满爱火激情。

(4) 独处自由

据英国某项调查结果，超过70%的男子表示最无法忍受的是老婆的唠叨，他们因而无比怀念单身的美好时光。单身的美好，无外乎就是想做什么就做什么的自由。哪怕男人将自己关在房间里一整天，只为修理坏掉的机器。但两个人相处的婚姻，却令独处比登天还难。

一个总是拒绝男人独处的妻子，与其说她是专制的，不如说她是脆弱的。并不是她自己完全不懂打发时间，而是无法理解丈夫独处时究竟是在思考事情还是不想理她，后者令她崩溃。所以她总是想方设法破坏丈夫的这项自由，结果却使丈夫更加躲着她，甚至不想回家。

(5) 爱好自由

一个有自己兴趣爱好的男人当然是有独特魅力的，不管他是喜欢琴棋书画，还是钓鱼打球，或是喜欢研究唐宋诗词明清家具。如果他在婚姻中能够长久地保持着对自我爱好的热情，并且不被打扰甚至恶意阻碍，那么他对婚姻就会充满了感恩。

女人永远不要幻想自己可以完全管住一个男人，要明白，天下没有能够被管理的男人，只有愿意接受管理的男人。既然如此，那么女人们钻研的目标就应该从如何管理男人转移到如何让男人接受管理。

自古以来，男为阳女为阴，和男人比“刚”比“强”是不行的，死缠烂打也行不通。妻子只有先给丈夫一定的尊重和自由，在他毫无防备的状态下发挥女人的智慧，最后才能把一块精“钢”炼得绕指柔，让他心甘情愿接受你的管理。

公司职员圆圆是一位聪明的妻子，她的做法是既不让丈夫觉得被束缚，同时也达到了管理丈夫的目的。

圆圆对管理丈夫有着自己独到的见解，她认为：虽然很多女人不承认对男人的管理，但却是有心无心、有意无意地在实施着。

“恋爱时，他三天两头打电话，从工作问候到生活，无所不关心，而且他见到我的姐妹，嘴巴特别甜，因此那帮姐妹们也才没安好心地向他汇报我的情况。”

“如果这个算管理的话，结婚后我把这些管理方法如法炮制返还给他。他工作繁忙，经常出差，待在外面的时间比在家里还长。我自然放心不下，常常打电话到他办公室，问他什么时候下班回家，是否有空共进晚餐。他的同事聚会，我有空就报名参加：一是跟他同事套近乎，埋下我的‘卧底’；二是在那样的场合可以多得到一点关于家以外他的信息，了解他最近在忙什么。他认为我是在关心他，并不反感。”

“其实这都是我平日里为管理他做的功课。如果发现他真有什么事情的话，我也会像他谈恋爱时一样‘该出手时就出手’的。”

婚姻不应该是枷锁和牢笼。新鲜的空气、自由的天空，人人向往。婚后双方依然应该有自己的交际圈。交朋友和参加各种应酬的权利，不应该因为婚姻关系的建立而中止。我们都应该拥有自己独立的私人空间，夫妻两人谁也不是谁的私有财产。

聪明的女人懂得恰如其分、游刃有余地把男人紧紧抓住、收放自如。男人就像风筝一样，拉得太松他会飞走，拉得太紧又容易扯断。所以，女人要懂得忽紧忽松地抓住男人，和男人的距离也要永远保持若即若离。

男人需要爱，也需要哄

孩子气并不是孩子和女人的专利。一次家庭调查显示：男人比他们的妻子和孩子更爱撒娇。这一结果是哈佛大学公共卫生学院在调查走访了一千四百多个家庭后得出的。

在性别角色的分工中，母亲是无条件呵护、滋养和抚慰我们的人，母亲自然成了人们撒娇的对象。女性本身就有母性的特征，这也是男人在私下里喜欢在女人面前撒娇的原因。

一般的，男人在外面受了委屈，往往会选择沉默。但当他回到家后，便可能把脆弱暴露给自己的“心理母亲”——妻子，以获得心灵上的“安慰”。在男人的潜意识中，撒娇的感觉就像是回到母亲的怀抱一样。男人在成年后，很少能有孩童时期的被人关爱的感觉，这一点，他希望能够在女性主动的爱抚中体会到。而聪明的女人会在适当的时候把男人当孩子那样宠。

傍晚，当你的丈夫完成了一天的工作，撕下白天正正经经的面具，躺在床上，他可能像个超级宝宝那样，向你撒娇，要个赖。这个时候，你可千万别把他当作“讨人嫌的麻烦孩子”，很反感地把他推向一边。其实，男人施展孩子气便是他想要放松自己的表现，如果你对他稍有不屑，他便会感到很受冷落。

由于男人在平日里工作压力太大，他希望自己能以一种简单的方式让自己高速运转的生活节奏放慢脚步，变得轻松，甚至无忧无虑。所以他潜意识里渴望爱人能够关心自己，希望寻找到一种强烈的归属感，甚至是那种回复到童年时代的自然状态。

所以你会发现，男人比女人更迷恋游戏。男人有时候可以对着娱乐节目狂笑，甚至把周五的一整晚消磨在无聊的“烂片儿”里。面对男人的这种解压方式，有不少女人都会为此犯愁。但是如果你理解他，就别再火上浇油了，别在他施展孩子本性的时候对他说：“别理我，烦着呢！”甚至是“你能不能别这么无聊，你是男人，能不能打起精神来？”但是，这个时候的斥责对他来说是多大的伤害啊！

他不希望你觉得他的孩子气是软弱，他也不会认为自己撒娇就是无能，他不过是想放松一下，星期一的早晨，他还是会雷厉风行地开始他的紧张工作。所以，这时候，妻子应该珍惜这个机会，尝试着去抚慰他的心灵，帮他缓解压力，甚至陪他玩一会儿，让两个人一起回到童年，聊聊天，打打游戏。事实上，在你帮他放松的同时，自己也会得到有效的解压。

男人再大都是孩子，女人再小也是母亲。当他的情绪波动时，当他失意彷徨时，当他压力过大时，他回到家里就会在你面前撒撒娇，或发点小牢骚和小脾气，此刻女人千万不要去计较。精于设计婚姻的女人懂得，当男人压力大时，是很需要哄的：当爱人不开心时，女人可以像个大姐姐般地去安慰他，直到他的嘴角露出几许笑容。当爱人生病时，女人又像母亲一样地把他抱在怀里，轻轻拍打他的双肩，并给他煲上一锅好汤，让他暖暖的。妻子是否会哄丈夫，给丈夫的感觉会很不同。

赵燕个性强硬，常和老公吵架。她的朋友吴梦看在眼里，有一次，她问赵燕："假设你去找你的老公，等他换好衣服一起出门去。这时他从厕所出来，站在镜子前面换衣服，你会走过去帮他扣扣子吗？"赵燕回答："不会。他没手啊，不会自己扣啊！"

吴梦对她说："这就是我跟你的差别。是我，我就会过去帮他扣扣子。往往就是这样的小动作，会让男人爱女人爱得要死！"

赵燕听了，若有所悟。后来她按照吴梦的启发去做类似的宠老公的事情，果然明显地改善了和老公的关系。

天生的使命与责任造就了男人的坚强，长久积压的压力与长久憋屈的泪水造就了男人内心深处的无比脆弱。然而，太多的女人只是知道前者却忽略了后者。男人有痛也得忍着，有泪也得憋在心里，他知道自己必须坚强，所以总会说些"没事、这有啥、撑得住"之类的大话。其实，男人有时真的很脆弱。男人并不是无所不能，更不是坚不可摧的，他们也需要得到女人的关怀，特别是得到自己妻子的关怀。

男人在承受着巨大的压力时，也会通过流泪来缓解胸中的苦痛。在丈夫的心空下雨时，妻子应大方地伸出自己的双臂，给他一个默默的拥抱。男人在自己女人面前表现出不常见的脆弱，其实也是一种有勇气的表现。聪明的妻子要明白，能为丈夫分担忧愁是两人亲密关系的一种体现，更能促使婚姻美满。

面对丈夫的眼泪，妻子最好不要惊讶、不要问，也不要猜疑自己的男人是怎么了，在此时给他一个可以依靠的肩膀才是最明智的选择。

其实，女人要想真正走进男人的心里，就一定要懂得理解和关爱。多给男人一些尊重与宽容，多给他们一些微笑、鼓励、温柔与慰藉。过后，你会发现自己得到的幸福比原来的还要多，因为男人和女人是一个整体，两者的幸福本来就是联系在一起的。

既然是夫妻，既然是深爱，那么就不时地哄哄男人吧！女人适时地哄哄男人，会让男人感到温馨，感到快乐和满足。不是说男人的坚强是建立在女人的温柔上的吗？男人需要爱，男人也需要哄。哄男人，受益的是男女双方。

婚姻不是雕刻刀，爱人不能被改造

“你们要共进早餐，但不要在同一碗中分享；你们要共享欢乐，但不要在同一杯中吸饮。像一把琴上的两根弦，你们是分开的，也是分不开的；像一座神殿的两根柱子，你们是独立的，也是不能独立的。”

这段话形象地说明了婚姻关系中两个人的韧性关系，拉得开，但又扯不断。谁也不能过度地束缚对方，但要彼此关心，爱对方，但是都在适度的范围之内，这才是和谐的婚姻。可是很多人似乎并不能体会到婚姻的真谛，在他们眼里，对方身上有很多缺点，他们常常试图通过各种途径让对方改掉坏习惯。可是习惯的产生是日积月累的结果，在自己身上已经存在了十几或者几十年，当然不会轻易改掉。

夫妻之间产生争执的主要原因，是他们把婚姻当成一把雕刻刀，时时刻刻都想用这把刀按照自己的要求去雕塑对方。为了达到这个目的，在婚姻生活中，一方当然就希望甚至迫使另一方摒除以往的习惯和言行，以符合自己心中的理想形象。但是有谁愿意被雕塑成一个失去自我的人呢？于是“个性不合”、“志向不同”就成了雕刻刀下的“成品”，离婚就成了唯一的一条路。

小洛和陈铭已经进行了七年的爱情马拉松了，婚期却一直都没有订下来。倒不是陈铭贪图单身快乐不想这么快娶老婆，而是因为小洛一直犹豫不定到底要不要嫁给他。

小洛是个好强的女人，事事都追求完美，她总希望能把所有的事情都做得无可挑剔。陈铭是个知足常乐又随性的人，和小洛有很大的不同。两人当初能在一起，真是让所有人都跌破了眼镜。恋爱的时候虽然总免不了磕磕碰碰，但小洛和陈铭就这么坚持下来了，七年了，两人依然携手。

这一年，陈铭再次向小洛求婚了，小洛考虑到自己年纪也不小了，总这么拖着也不是办法，虽然她对陈铭有许多不满意的地方，但小洛也是爱着陈铭的。于是，小洛终于答应了陈铭的求婚，同时小洛也开始了她策划已久的“丈夫改造计划”。

小洛在和陈铭谈恋爱的时候虽然已经非常想让陈铭有所改变，但一想自己只是女朋友而已，这么多管闲事似乎不好。现在两人既然已经决定结婚，小洛自然而然地也就担起了改造陈铭的重任。毕竟是要和自己生活一辈子的人，当然要培养得优秀一些。于是，从答应了陈铭求婚的那天开始，小洛制订了满满的计划，规定以后陈铭不能带朋友到家里来看球，抽烟一定要去外面，臭袜子不能乱扔……满满的注意事项让陈铭都快昏了头。这也就罢了，小洛甚至拿出了一份职业规划表，上面写了满满的工作目标。陈铭是设计师，小洛简直是把他未来如何走向设计总监这个位置的道路都给写出来了。

两个月以后，婚礼被取消了，陈铭自己一个人走了，只留了一条信息给小洛："对不起，我无法成为你心中的那个完美男人。"

每个人本身都是"艺术品"，而不是"半成品"，人人都企望被欣赏，而不愿意被雕刻改造。所以，不要把婚姻当成一把雕刻刀，老想着把对方雕塑成什么模样。婚姻需要的是一种艺术家的眼光，要懂得从什么角度欣赏对方，而不是去束缚对方，改造对方。因为彼此之间的空间太小了，谁都会感到不安。

在生活中，我们常常看到，在深夜观看足球比赛的丈夫们，身边会有对足球并不是十分感兴趣的妻子陪着；虽然不喜欢厨房的油烟，可是妻子还是每天都准备好了可口的饭菜，等着丈夫和孩子一起分享……

婚姻，不是一个人的付出，只有两个人同心协力，才能营造一个温暖的家。可是并不是所有的人都能注意到对方的付出，甚至有的人会把对方的付出看作是理所当然的。如果对方稍微有什么地方做得不好，就加以指责，这样的做法无疑会伤害对方的心，会让对方觉得一切的努力都白费了。

爱一个人，就应该让他感觉到幸福，而不是要让他原本疲惫的心灵增加新的创伤。所以，在夫妻生活中，一定要相互扶持，相互欣赏，相互鼓励。虽然因为个性的不同，两个人没有办法完全融为一体，但是一定要让对方感受到你的存在，让他体会到你对他的欣赏和爱护。在他犯错的时候，给予善意的提醒，而非指责，有时候一个善意的眼神也会让对方觉得很温暖；在他犯傻的时候，给予适当的爱抚，告诉他"你真可爱”，一句看似不经意的话语，却可以激起爱的涟漪，让对方感受到你的体贴。

每个人都会有缺点，我们要做的是在对方的缺点中找寻到对方的闪光点，改造对方，如果你想彻底把爱人改造成自己希望的样子，不如先试着改造自己。

爱一个人，就不要试图改造他，如果爱他，就接受眼前这个不完美的他。如果他身上有你实在无法接受的缺点，也不要认为婚姻可以给你足够的时间来改变他。永远不要试图去改变一个男人，否则，最后得到的，只有失望。

给他一些空间，让爱留有余地

在人与人相处的过程中，不管彼此是怎样的关系，都应该为对方留出一片自己的空间。因为，在这个世界上，没有什么人是完全透明的，每个人都有个自己不为人知的小天地。其实，恋人之间如同是两个相交的圆，有相互重合的部分，但无法成为一个圆。这是无法否认的事实。爱人是风筝，只要线在你的手中，飞得再远也是可以收回的，而且是很乐于被收回的。这段线的距离就是你给的空间，是在你掌握之下的空间。你把风筝抓在手中不放飞，风筝也就无法实现存在的价值。聪明的人总是会给爱人一个空间，让他去飞翔，疲倦的时候他自然会回到你身边。

在一片森林里，居住着两只小麻雀。一只住在森林的最北边，一只住在森林的最南边。它们像两条永不相交的平行线，在这片森林中谁都不知道谁的存在，每天都过着属于自己单纯、惬意的生活。

然而，有一天，北边的小麻雀和南边的小麻雀不约而同地来到森林的中央觅食，在相遇的那一刹那，它们都又惊又喜。原来在这个森林中，一直有一只像自己一样的伙伴存在着。渐渐地，两只小麻雀开始变得熟悉起来，在每一天的清晨，它们都迫不及待地飞到森林的中央相会，然后一起玩耍、觅食、谈心。快快乐乐地度过一天之后，它们就各自飞回自己的家。

随着时间的流逝，两只小麻雀的感情越来越深，它们发现每当太阳快要下山，分离就要来临的那一刻，心就会特别的痛。原来，两只小麻雀已经深深地相爱了。

在一个阳光明媚的早晨，两只小麻雀决定一起搬到森林的中央去住。从此以后，不管白天还是黑夜，它们永远都不会再分开了。可是，深爱着彼此的小麻雀觉得这样还不够。它们为了证明彼此深深的爱，决定把它们的翅膀绑在一起。这样，它们就可以每时每刻都在一起了。

后来，它们找来了森林中最坚韧的藤条，把翅膀紧紧地绑在一起并互相起誓道："从此以后，全天下再也不会有比我们更相爱的鸟了。"

第二天，两只小麻雀准备出去觅食，可是当它们跳出巢时，却重重地摔在了地上。不管怎样努力，它们还是没办法飞翔。原来爱也需要空间和自由。

于是两只小麻雀决定啄开藤条，振翅高飞。最后，它们又回到了过去的日子：白天各自飞翔，夜里紧紧依偎。

有的时候，当我们之间的距离越来越小的时候，你会发现原来的美好会越变越淡。这就好像一盆塑料花，远远看上去娇艳欲滴，楚楚动人，可实际上确实是经过装扮、粉饰的冒牌货。曾经美好的不再美好，心动的不再心动，神往的不再神往，没有什么可以逃脱距离的杀伤力。人往往都会比较世俗、比较功利，所以，就更需要距离为我们蒙上一层神秘的面纱，让我们感受到彼此的美好。隔着距离，男人伟岸高大像座山，女人婀娜多姿像湖水，走近的时候，山虽然还是山，却枯木丛生，杂草遍布；水还是水，却枝叶飘零，混沌污浊。

其实，相爱的两个人就好似两根笔直伸向远方的铁轨，每一根铁轨都是不完整的，都是由若干小段组合而成的，在段与段之间有着缝隙，这样在气温的变化下，铁轨才不会因冷热收缩膨胀而挤压断裂。铁轨是不相交的，彼此有着距离和空间，这样火车的轮子才能在彼此之间滑行滚动向前。

爱需要距离，人心也需要距离，爱不应是永远地相互拥抱和依赖，爱更多的是距离和分离，如果没有一段段的空白和间隙供爱情呼吸，那爱情在压力和诱惑下，会彻底断裂。而两个人也需要有一定的距离，没有距离，彼此的车轮和人生轨迹又如何延伸到远方呢？又如何还有未来？当列车滑过每一个缝隙时，会发出“咔嚓咔嚓”的声音，听起来似乎不和谐，但正是这杂音奏出了一曲向前行进的轨迹，成就了行进的平衡和稳定。

爱他，就给他一些空间，有时，他只想一个人静静地坐着，听听音乐，看看书；或者出去走走，看看山，听听水，那是他精神的极乐世界，在那里憩息片刻，悠然片刻，又会踏入人生的征途，那是他休养生息、重整旗鼓的地方，他会在那里疗伤自慰，又会带着满腔的热情向人群走去。

爱他，就给他一段距离，那是他灵魂的家园，有时他会销声匿迹，他只想一个人静静地品味人生，或痛或苦，或酸或甜，或喜或悲，让自己的人生在独处中升华，在心里留下深深的记忆，记得那些爱我的、我爱的人。

给予空间可以凝聚感情；相反，过多的管束、过多的限制，甚至把爱人当作私有财产，只会让对方感到压抑，感到窒息，为了呼吸新鲜的空气，就会产生逃离的欲望甚至行动。

彼此信任，婚姻便若磐石

人与人能够很好地交往，有很大成分就在于相互信任。如果没有信任，那么人与人之间将没有感情可言，更别谈持续交往了。夫妻之间更需要相互信任，与他人的关系疏密还可选择，但夫妻之间容不得选择，只有彼此的信任，才能把两个人套牢。信任是婚姻稳定的基础，更是爱情的磐石。一对夫妻心中各存猜疑之时，也是婚姻之墙即将坍塌之际。

小艺与小军结婚两年了，婚后一直过着夫唱妇随的快乐日子。但是有一天晚上，老公打电话说他不回家吃晚饭了，小艺内心不是很痛快，老公不给自己解释，让自己感到很委屈，但她还是用温柔的语气允诺了他。因为她相信他们之间的感情，相信老公的为人，所以她强忍着自己的疑问没有质问老公。

有次老公的同学到家里做客，他记得上次同学聚会好像没有看见小艺，于是向小艺确认，小艺的谜团这才揭开。原来老公同学聚会，聚会上有老公大学时的女友，而这个前女友是老公任自己软硬兼施都不说的秘密和伤痛。所以小艺只好旁敲侧击老公的同学，这才知道老公与那女同学的事，原来老公是怕自己吃醋啊！想到老公还一直为自己考虑，小艺的眼眶湿润了，她镇定自若地对老公的同学说：“他愿意带我去，我当然会去，但是特殊情况，我自然是不去的。”

那同学再三追问是什么特殊情况，小艺笑而不答。看着老公一副不知所措、尴尬不堪的样子，小艺报之以信任的眼神。老公看着一直以来给予自己无限信任的小艺，也“嘿嘿”地傻笑了。从那以后，他再也没有隐瞒过小艺什么，因为他明白，这样的女人值得他付出全身心去爱。

可以想象如果小艺在电话中哭闹，用不信任的语气与老公交谈，小军会礼让她三分吗？如果小艺也像其他妻子那样又是查手机、又是打老公哥们儿电话质问的话，那小军的颜面何存？疑人不嫁，嫁人不疑。既然嫁给了他，就要相信你的老公是个重情懂爱的男人，就不要怀疑他对你的感情。如果你在很多事情上做到了大度，他会愿意带你到任何一个场合，见他所有的朋友，你自然有机会了解他更多。

我们每个人都是独立的个体，即便是与你同床共枕的老公，在一定程度上你们彼此也是相互独立的，都需要一定的空间。你所能做的就是给他足够的信任和足够的自由，这样你才可能得到他“永远在你身边”的承诺。

婚姻就是这样，本是生命中深挚的关怀与体察，无须刻意去抓紧握牢，越是想抓牢，越容易成为枷锁。爱情需要自由呼吸，不管是“硬泡”还是“软磨”，都不是爱情本来的面目。爱情就像一门艺术，要用心、用浪漫去设计，才能达到琴瑟和鸣、水乳交融的境界。

婚姻是这样的，是生命中深挚的关怀与体察，无须刻意去抓紧握牢，越是想抓牢，越容易成为枷锁。握住信任，婚姻便能自由呼吸。

好老公，夸出来

俗话说，男人其实是一个长着胡子的大孩子，无论外表看上去是怎样的坚强，但他们的内心深处却是存有柔软脆弱的部分，需要女人的安慰和认可，需要女人温和肯定的褒奖。如果当女人不再在乎男人的付出，甚至有些漠视他们的心意时，男人怎么还会渴望走在回家的路上，怎么还会觉得家庭是温暖的港湾呢？

聪慧的女人，请不要吝啬你们的赞美。男人为了事业，为了家庭在外打拼劳累，作为男人，都会以硬汉的形象表现于外，而将那些委屈和辛酸深埋心底。当他们拖着疲惫的身子回到家时，请真诚地对他说一声："你辛苦了。"这会让他感到无比的温暖和幸福，这会让他的疲劳消失和重新振作，这会让他觉得辛劳付出的值得而自豪。短短的一句话，少少的几个字，表达的是你对他温情的理解和尊重，还有对他的深深的爱意和浓浓的情感。

慧慧和阿伟同在一个大院里长大，幼儿园、小学还是同桌，感情特别深厚。而年岁渐长之后，两人的感情倒是开始生疏起来，上不同的中学、大学，交往着不同的朋友，谈过一场又一场的恋爱……直到一次小学同学聚会，重逢后的他与她发现两人希望的生活是如此相似，于是，爱情如同电光火石般一触即发，然后又迅速走进婚姻殿堂。

婚后，生活与工作上的压力让他们无所适从，不关心对方，每天机械地重复工作、生活。突然有一天，慧慧发现，她已经和阿伟很久没有说话了，以前的她，每天回到家里，总会像小鸟一样雀跃着告诉阿伟今天发生了什么新鲜事，而现在，她总是提不起劲儿来。而阿伟也不愿意说话，他的理由是：我不敢说话，反正我说什么慧慧都觉得不对。

阿伟这句话彻底惊醒了慧慧，这一刻她才意识到，原来阿伟当初的优点，她全部看不到了，布满双眼的都是他的缺点。她突然想到她的舞蹈教练，经常对她微小的进步赞不绝口，而每次听到赞美后，她练功也更起劲儿了。或许，男人也一样，他们一样喜欢听到他人对自己的肯定和赞美，这会让他们充满自信。

于是，慧慧开始研究赞美的艺术，每天坚持去寻找阿伟的优点，并由衷地夸赞他。比如，某一天慧慧回家时，发现阿伟正在洗自己的白衬衣，她赶紧赞美道："老公，你真是个勤快又干净的绝代好男人。人家都说娶个懒老婆的男人就不能穿白衬衣，看我老公娶了懒老婆自己照样把白衬衣洗得干干净净，穿得光彩照人。"阿伟听完之后，兴奋得摸不着头脑，一边哼着小曲，一边也主动把慧慧的几件外套洗得干干净净。

阿伟的厨艺一般，但是喜欢在厨房里帮忙打下手。一次慧慧因为要接电话，所以把正准备下锅的鸡蛋交给旁边的"二把手"负责。接完电话后，慧慧发现阿伟正得意地托着一份煎蛋饼从厨房走出来。她夹了一块放在嘴里，虽然味道一般，但她还是一副陶醉的表情，夸着："亲爱的，这可是五星级酒店的水准！"阿伟怀疑地问道："真的吗？真的这么好吃？"慧慧点了点头。于是，从此之后，每次做菜阿伟都会主动请缨，时日一长，厨艺果然进步飞速。

周末，慧慧有时会拉着阿伟逛街，每次在服装店里试衣服时，服务员都会惊叹慧慧的好身材。而每当这时，慧慧则会对阿伟说："老公，我发现你真的很聪明，很有眼光。"只见阿伟眼睛一亮，笑眯眯地问："这话怎么说？"

慧慧坏坏地笑着说："比如你在茫茫人海中找到了我，就完全可以证明你的慧眼识珠。还有，你看我的皮肤多好，护肤品的钱就帮你省了吧？身材好就更不用说了，再便宜的衣服穿出去都不会让你丢人，这样又省了一笔。你看，你是不是世界上最聪明的人？"这样的夸奖，让阿伟听得一愣一愣的，却又觉得全身舒坦。

你自己的男人，是需要夸一夸的，只有毫不吝啬地时时赞美和肯定他的付出，让他深刻感受到你的浓浓爱意和温柔体贴，让他在你的赞美中一次次觉醒奋起，用巨人般的力量打造出一片属于你们两人的蓝天，那么，彼此的爱才会更美好，相互的情才会更坚固，共同的生活才会更美满。

好老公是夸出来的，只有毫不吝啬地赞美他，让他深刻感受到你的爱意与体贴，让他在你的赞美中觉醒奋起，那么，婚姻才会更坚固、更美满。

男人的面子，婚姻的里子

要成为一个合格的妻子就要清楚丈夫最在意的是什么，金钱？地位？在近期的一项调查中，当男人在面对这个问题时，都不约而同地给出了“面子”这个答案。一个真正的男人，绝对不会为自己而丢掉面子，只有为自己深爱的人才会。深爱的人并非仅指爱人，包括一切至亲之人，患难与共的真挚友人，深爱的女人，只有这些，才能让一个男人不顾及自己的面子，甘愿做一些丢自己面子的事。否则，对于男人来说，宁愿选择死亡也不能丢掉面子。如果一个男人随便就把面子丢了，那真的是活着比死还难受！

在我们的生活中，你可能见过这样的男人，他们在朋友聚会或工作应酬时，喜欢对着电话中的太太逞威风，总是用比平时高八度的声调，告诉女人不要啰唆。聪明的女人在这时，一定不要生气，只要和颜悦色地告诉他：“老公，我知道了。你少喝点儿酒，酒后千万别开车。如果太晚了回不来就打电话告诉一声。”这样，不仅让他在外人面前赢得了面子，并且他也会因为你的体贴、大度而心存感激。

对于很多男人来说，面子就像生命一样重要。聪明的女人懂得如何像保护自己的爱情一样保护男人的面子。千万不要和男人的面子较劲，如果你以为打击他的面子就可以征服他的心，那真是大错特错了，你会输掉他对你的尊重，更可能输掉你的爱情和婚姻。因此，如何给男人面子或者如何聪明地给他面子又让他心甘情愿地听你的，是一门婚姻设计的学问。

（1）不在外人面前批评他

千万不能在有第三人的场合批评你的男人，不管他错得多么离谱，其实男人很多时候在他爱的女人面前像个孩子，他有时候想做老子，有时候又想做儿子。他要是真错了，你等回到家里，慢慢地再教训他，他多半就不敢再和你斗。另外，他不是小学生，只要他在你的劈头盖脸的教训中保持沉默就说明他已经承认错误了。你得学会保持适度，既要让他知道你的厉害，也得给他保住面子。

（2）在他面前谦和些

不要把你认为的理所当然强加在他的头上，没有谁可以无条件地按照你要求的去做。不管你想要怎样，都要先考虑对方是否能接受。比如，他进门时忘记换拖鞋，你可以尝试说几句“请”，而不要向他频频甩出“不要、不准”之类的话，那样他一定会欣然接受，而不会恼羞成怒，破罐子破摔。

（3）要内外有别

不管在家里你是怎样的耀武扬威，在他的朋友或同事面前都要表现得以他为主。如他有社交应酬时、他要和同事朋友聚会时、他和父母在一起时，假如他答应了别人，那就让他去好了，不要因为他没有和你商量而大发雷霆。

（4）陪他一起走过低谷

男人其实也很累，当他们睁开眼睛就要面对各种责任和义务，他们不敢承认自己也有非常脆弱和需要关怀的时候。在他志得意满时，请给予他足够的欣赏。当他遭遇了不公和挫折时，给他一个可以倾诉的港湾，让他受伤的心得到安抚。

（5）不评论他的家人

即使他的家人有怎样的不是，你都不能直接地批评或指责他们。你认真地与他讲家人的不是，结果不是解决问题，而是制造了新的矛盾，让他夹在中间左右为难。

（6）要尊重男人的隐私

夫妻之间都有一些共同的秘密，对任何人，都不要出卖你至亲至爱的他的秘密。如果你实在想找人倾诉，那就找心理医生或是网上的陌生人吧。

（7）对他多一份心

智慧、谈吐、气质和笑容，都是为男人赢得面子的途径。所以，女人要多花些心思在自己身上，来维护男人的面子。要不然只有玉树临风，没有佳人相伴，那面子最外层的金边该怎么贴呢？

聪明的女人知道，给男人留面子，不仅可以维护他的尊严，更可以展现自己的大度与自信。如果一个女人把自己的丈夫批评得一无是处，那么，她自己应该也好不到哪里去。俗话说“物以类聚，人以群分”，他的不好恰恰也反映了你的不好。所以，如果你不给丈夫面子，也就丢了自己的面子。但是在照顾男人面子时，有些问题还是值得注意的。

首先，一些极度要面子的男人，往往会比较自我。这样的男人最容易把在外面的不高兴带到家里，喜欢借题发挥。面对这样的男人，只要不是原则上的问题，你可以在表面上多顺从一些。对那些事后知道悔过者，为了不伤害感情，多宽容一点倒也不影响感情。如果是“死不悔改”或者是“习惯成自然”型的男人，你必须让他明白：不管双方的社会地位如何，彼此的人格和尊严是平等的，要想别人尊重你，首先你得学会尊重别人。

其次，一般要面子的男人，都比较大手大脚不太会合理花钱。这时，就需要一个会花钱的“管家婆”来帮他管好钱包。男人好面子喜欢充大款请客，或者为了面子买些高档的服装，只要无伤大雅，女人可以睁一只眼，闭一只眼，过分干预只会影响彼此的感情。

学着给自己的男人留足面子，你也同样会享受到其中的成果，他会更疼爱你，更珍惜你，给男人面子，等于给自己留下余地，让自己变得温柔体贴，让他变得阳刚潇洒，快乐也就无时不在。

理解多一点，幸福才会多一点

现实生活中，无论你做什么事情，都要学会换位思考，多从对方的角度思考问题，你才能做出准确的判断，这是人与人之间交往的基础，也是处理人际关系的思考方式。在婚姻生活中，亦是如此。

回想一下，你是不是总以为男人婚后不像以前那么关心自己了，很少跟自己说贴心的话，不再像以前陪自己逛街了，不帮自己做家务了……另外，男人也有他的无奈，也开始了抱怨："真搞不懂你，都结婚了，怎么可能还像恋爱的时候那样黏在一起？我拼死拼活还不是为了这个家吗？整天在外面忙，回到家也不让我清静一会儿。"

夫妻双方各有各的想法，矛盾越积越深，隔阂越来越大。为什么会出现这样的局面呢？这是因为，夫妻双方都没有学会换位思考。所以，想要拥有和谐美满的婚姻生活，我们就应该调整心态，学会换位思考，互相理解。作为女人，你这个时候起到十分关键的作用。如果没有你的抱怨，自然也不会引出男人的那些抱怨。

有些夫妻双方都是同学同事中的佼佼者，无论人品和事业都堪称是"神仙眷侣"，都是因为没有任何利益很单纯地发展感情走到一起的，但是还是经历了婚姻的失败。这里就有一个共同的原因：双方不能换位思考！

在一次商业聚会上，小贝对西西一见钟情。西西是富家小姐，高贵而清雅，小贝决定把这个女孩娶回家。西西喜欢鲜花，小贝就每天早上到西西的公司送一束花，有玫瑰、有百合等；西西喜欢吃的东西，再远小贝也会给她买回来。经过一段时间的热烈追求后，小贝的殷勤终于感动了西西，两人确定了恋爱关系，并很快结了婚。

一结婚，小贝就将自己的工资卡上交给西西。可是没多久，他们的婚姻就出现了问题。西西喜欢买品牌的服饰、精致的物品来装饰和丰富自己的生活，小贝开始时还说西西是一个真正懂得享受生活的人。但是，西西时常三天两头就花费上千元，这就让小贝吃不消了，他不是长吁短叹就是静坐苦思，对西西没有以前的热情了。

有一次，两人在一家餐厅正准备吃饭，小贝突然接到公司电话，有事情要临时离开，于是他按照惯例点了西西爱吃的东西，说他先走一步，待会儿办完事情再来找她。谁知，西西的脸色晴转多云，并不顾小贝的再三解释，赌气离开了。

最后，西西将这件事上升到了理论高度，说小贝只知道工作，得出的结论居然是小贝根本不关心自己，说小贝根本不爱自己，肯定又喜欢上别的女孩子了。面对西西的不理解，小贝也觉得很窝火，他说西西从来都不体谅自己，从来不管自己赚钱有多辛苦，根本没有节俭的概念，两人的幸福生活自此不再。

还记得《神雕侠侣》里有这样一个场景：小龙女出了古

墓之后，没有了杨过在身边，当她肚子饿了的时候，街上的小贩递给她一个包子，她拿着转身就走，小贩问她要钱，她疑惑地问：“钱是什么东西？”

小贝和西西的婚姻注定会失败。因为西西没有尝过人间的酸甜苦辣，也就无法体会生活的艰辛，她以为小贝的卡是用之不尽、取之不竭的，更不用说站在小贝的角度为小贝考虑了，这一点和不食人间烟火的小龙女是一样的。

好好想一想，有多少次，我们的抱怨和愤怒是因为我们自己所认为的对方的想法，而不是站在对方的角度考虑和处理问题，没有耐心地问他为什么，更没有认真地听他解释自己的行为原因和目的！

事实上，既然爱他，并嫁给了他，那么你就不要总想着自己怎么样，凡事应该多想想他怎么样，多站在对方的角度考虑和处理问题，这才是你珍惜这份爱所做出的努力。毕竟在这个社会上，男人承担的责任和压力比女人要大些。

在婚姻的相处过程中，学会换位思考，互相体谅，实际就是设计一台两人生活的过滤器，它能过滤掉两个人之间所有的不快，可能家庭的硝烟很快就消散了，如此你也就能设计出幸福的婚姻。

下次当他因为工作繁忙忘了你们的结婚纪念日，忘了答应过周末和你一起去逛街，忘了曾经说过要带你去你梦寐以求的地方……这个时候，你不妨理解他多一点，你们的幸福也会多一点。

为他找一点理由，用这个理由说服自己，你们的幸福也会多一点。

老公要倾诉，老婆要倾听

现代社会，男人工作和生活上的压力越来越大，他们需要倾诉，需要一双耳朵给予他关注和温暖。但遗憾的是，很多女人一旦结了婚，就染上了唠叨的毛病，一天到晚都把丈夫的耳朵塞得满满的，根本不给他说的机会。

作为一位称职的妻子，你要细心观察你的丈夫。特别是当丈夫心烦意乱、十分消沉的时候，你要用心去安抚他，让他从情绪的低谷中摆脱出来。当你的丈夫跟你说他的烦恼时，作为妻子要认真倾听。因为你的丈夫这时候非常需要你的关心与安慰。

蓉一直暗恋与他从小一起长大的邻居涛，不过涛只把她当作小妹妹，并无什么特殊的情感，况且涛已经有了女朋友。一次，与涛合作办公司的人携款走了人，让涛多年的辛苦付之东流。心灰意冷的涛被女友一顿臭骂后，心情更是沮丧到了极点，就找了蓉一起去酒吧喝酒。

涛一瓶接一瓶地喝，从最初的创业一点一滴地说起，蓉就仔细听着，偶尔在他新开一瓶酒的时候，说一句："别再喝了，喝多了身体受不了。"涛一直说着，而蓉始终在默默地听，后来她叫了一辆出租车，把涛送了回去。

第二天，涛清醒后就去找蓉，他发现自己再也不能忽视这个女孩的心意了。如果此时此刻不能说出来，是会后悔一辈子的。他结巴着说："我想……我们能不能在一起……相处一下。"蓉愣了半天才回过神来。盼望已久的话竟然因为自己的倾听赢来了，激动的双眼里流出了幸福的泪水。

一年后，他们的新婚之夜，涛对她说："亲爱的，知道你陪我那一晚带给我的是什么吗？我第一次发现你是那么的美丽，你身上像是披了一件光芒的外衣，虽然你一直没有说话，但是我感觉得到你沉默的背后，是相信我和肯定我。这对我来说很重要。"

一位心理学家说："作为一个妻子应该做的一件重要的事，就是让他的丈夫尽情地倾诉在办公室里不能宣泄的苦恼。"作为妻子，一定要做丈夫最好的听众，而不是三心二意，心不在焉。

夫妻之间，沟通的首要环节不是要求对方来了解自己。而是自己先用心聆听对方的心声，以理解对方要表达的感情。每个人都迫切地寻求别人倾听自己的心声。但在现实生活中，很少有人能够用心倾听别人的心声，因此产生了很多冲突。

王先生匆匆忙忙地回到家里，顾不上休息，就兴奋地嚷道："亲爱的，你知道吗，今天真是个值得庆祝的日子！董事会把我叫过去，向他们汇报有关我的那份区域发展报告，他们称赞我的建议非常不错……"

他的妻子却没有表现出高兴的样子，显然在想别的事情："是吗？挺不错。亲爱的，要吃酱猪蹄吗？咱们家的空调好像出了点儿问题，吃完饭你去检查一下好吗?”

“好的，亲爱的。我终于引起董事会的注意了。说真的，今天在那么多董事面前，我都紧张得有些发抖了。不过情况还好，甚至连老总都很赞赏，他认为……”

他的妻子打断他的话：“亲爱的，我觉得他们根本不了解你，也不重视你。今天孩子老师打电话过来，要找你谈一谈，孩子最近的学习成绩下降了不少。对于你的宝贝儿子，我已经没有任何办法。”王先生终于不再说话了。

从王先生的故事中，我们可以想象，当你的爱人有一肚子话想要倾诉，兴致勃勃地要说给你听时，你却心不在焉，根本无心倾听，他的心中是什么滋味？每个人都会遇到开心或者不开心的事，都需要向别人倾诉，来缓解和放松自己的心情。善于倾听的女性，能让丈夫感觉到她对他的爱、理解和尊重，倾听是对他最好的安慰和支持。

大多数女人总是喋喋不休地说，迫不及待地把自己的想法告诉对方，还有些女人会抱怨说：“他从来不和我说话，什么事情都不跟我讲。”但是，她们没有思考过，自己是否准备好了听他诉说，是否真的在意他说什么。

男性一般不想听劝告，他们需要的是认真的倾听。毕竟，办公室里通常没有发表意见的机会，遇到特别高兴的事，也不能在那里引吭高歌；遇到不痛快的事，也不能向同事倾诉。因此当他们回家时，都需要宣泄一番。如果你不能安静地听丈夫说话，不能适时地给予安慰，那么你们的感情终究会出现问题。

男人不只需要你时常夸奖他，不只需要你关爱的叮咛，更需要你留下一只耳朵听他说话，听他的喜怒哀乐，能够静静地与他分享他的一切。那么女人，请准备好你的耳朵，让男人尽情地倾诉吧！善于倾听的你，才是一个真正聪明的女人，才是一个称职的，让他感到温暖的妻子。

其实，丈夫对你的倾诉，从一个方面可以看出他对你的信任，那么，听了他的失意，你鼓励他；听了他的烦恼，你安慰她；听了他的成就，你表现由衷的祝贺和赞赏。你在倾听时专注会让他感到温暖，你在倾听时的文静会让他赏识，你在倾听时的修养会让他折服。

善于倾听的女人是智慧的女人，你的倾听会让他心甘情愿地为你打开心灵的窗，你的倾听会让你掌握丈夫的一切喜怒哀乐。套句时髦的商业用语说，这是双赢。

倾听对方的心事在婚姻生活中是一种美德，也是一种涵养，通常需要通过后天的锻炼来加强自己这一方面的能力。作为妻子的你是否都做到了这一点呢，在婚姻生活中，这一点是很重要的。

身为妻子的你们是否体会到了爱的最高境界呢？或许在婚姻当中爱一个人容易，但不容易的是倾听。要想维持好的婚姻，就学会去倾听吧。每个人都希望得到别人的理解和关注，在别人需要你时，做一个好的倾听者胜过千言万语的说教。

倾听是婚姻生活中一个最基本的技巧，如果能很好地掌握这一技巧，不仅是维持婚姻生活的良方，还会给工作和学习带来很大的帮助。只要用心去倾听，就能听到人世间最真挚、最和谐的音符。

崇拜他，做老公的忠实信徒

对丈夫而言，妻子无条件的信任和支持是他向前的动力。

汽车大王亨利·福特先生，在年老时被问及他下辈子出生时希望变成什么？“只要能和太太在一起，我什么也不在乎。”福特先生这样回答。他终生都称他的太太为“信徒”，并希望永远和她厮守在一起。

回想19世纪末，底特律的电灯公司以周薪11美元雇用了年轻的福特。在公司，他每天工作10个小时，回家以后，他还要花大半个晚上在屋后的一间旧棚子里工作，因为他异想天开地想靠自己的努力设计出一种新的引擎来。

他那身为农夫的父亲认为儿子只不过是在浪费自己的时间，邻居们也都说这位年轻人是个大笨牛。周围似乎每个人都在取笑他，没有人相信他那笨拙的修补功夫能够创造出什么神奇的好东西来！

但他太太却十分相信他，认为他完全能够凭自己的努力创造出奇迹来！一旦白天的工作做完以后，她就会到小棚子里帮助他研究。冬天，由于天色很早就暗了，她便提着煤油灯给他照明，使他能够继续工作。由于天气太冷，她的牙齿常在寒冬中颤抖，手也冻得发紫，但是她坚信她的先生终有一天会成功，福特先生总是亲切地戏称她为自己忠诚的“信徒”。在旧砖棚里艰苦地工作了三年之后，这个异想天开的稀奇玩意儿终于诞生了。1893 年，亨利·福特 30 岁生日的前夕，他的邻居们都被一连串的奇怪声音吓了一大跳。当他们跑到窗口时，他们惊奇地看到亨利·福特那个大怪人和他的太太正乘坐着一辆没有马的马车，在路上摇晃着前进呢！那辆怪物似的车子居然可以跑到拐角又跑回来了呢！

就在那天晚上，一个新的工业诞生了，这是一个后来对这个国家甚至人类生活产生了重大影响的工业。如果说亨利·福特是这个新工业之父的话，那么，福特夫人这位忠诚的“信徒”，就有权利被叫作“新工业之母”了。

每一个男人一生中都需要一个忠诚的“信徒”，一个即使在他处于逆境的时候，也能一心呵护、鼓励并支持他的女人。当处处都不顺心的时候，当处境危急的时候，当他失败的时候，往往正是男人需要一个能够建立他的抵抗力和自信心的太太的时候，这时候，让他知道没有任何事情能够动摇她对他的信心非常重要。想想看，如果连自己的妻子都不支持自己，还有谁会支持自己呢？

是的，支持和鼓励对于男人，就像燃料对于引擎那么重要。鼓励使得男人的引擎继续发动，就像给他们心里和精神上的电池都充足了电一样，从而能促使他们将失败转化为成功。

运气有时候会磨损我们的锐气，严重的打击甚至能使我们挺不起腰来！但是，如果有我们所爱的人能不断在耳边鼓励我们："别把这点小事放在心上。像这样的事情是打不倒你的，我知道你最终一定会赢！"那么，事情往往可就是另一番模样了。

《圣经》上曾这样说："信心是大家都希望得到的东西，是我们所看不到的东西的佐证。"

妻子们会有一种独特的视觉，能在她们丈夫身上看到别人看不出来的潜能。因为她们不仅是在用眼睛去看，也是在用内心的爱去看，这是他人所无法做到的。

做老公忠实的信徒，时刻表达出自己对老公的崇拜与敬意，这样可以激发男人的自信心和斗志，使他在事业上，一路过关斩将，直至巅峰。

偶尔吃点“醋”生活更有味

女人要是不“吃醋”，爱她的男人能快乐吗？不！没有爱，哪来的“醋”？“吃醋”，是一种对对方最好最淳朴的爱的表达，可以有效地给婚姻生活调味，让感情再次变得有滋有味起来，但你一定要掌握好“吃醋”的尺度，吃得恰到好处。切记吃的是“醋”，亮出来的是爱。

爱情是自私的、排他的。女人是感性的动物，并且女人普遍缺乏安全感。就像大部分男人喜欢喝酒一样，几乎所有的女人都会不同程度地喜欢“吃醋”。“吃醋”，可以说是女人的天性。

不过，现实生活中也存在一些不爱“吃醋”的女人，这些女人之所以表现出来不“吃醋”，大多是因为她们时刻都在用内心的忍耐、宽容和大度在稀释它，但是这样的大度真的可以帮我们稳固婚姻吗？

在一次聚会上，很多女人都在谈论自己的丈夫。其中一个新婚女人说，她从来不会因为自己的丈夫和别的女性交往而“吃醋”生气。当别的女士给丈夫打电话时，她会平静地把电话递给丈夫，她心静如水，从不打听是谁给他打电话了，他们是什么关系，因为，她认为就算老公和别人再亲热，晚上还是会跟自己回家，而不是去那些女人的家！

朋友们说这是一个非常幸福大度的女人，但是没过多久，女人的婚姻便亮起了红灯，原来丈夫已经和别人有染，女人暴跳如雷，恼羞成怒，感到天都塌下来了，质问男人："我对你那么好，你为什么如此对待我？"

"我很爱你，即便是现在。"男人的回答大出女人的意外，"但是你呢？这么长时间以来，无论我和别的女人做什么，你都不会'吃醋'，不会生气，一副无所谓的态度，我猜想你或许已经不再爱我了，我不知道到底要怎样做才能让你在意我，所以我……"

由此可见，女人"吃醋"是一种对对方最好最淳朴的爱的表达，在大多数男人看来，女人不"吃醋"是一种不爱自己、不在乎自己的表现，认为自己的魅力不够，两性乐趣必定大打折扣，生活必然平淡寡味，这就等于放任别的女人入侵自己的婚姻。

吃适量的"醋"表明你很爱对方，很在意对方的行为，是爱情的良好调味剂。女人偶尔吃吃"醋"，某种程度上就跟撒了个娇似的惹人怜爱，可以更强烈地激发男人的爱欲和保护欲。而这种适当的"醋意"也能形成一堵保护墙，把你和你的丈夫都守在里面，使你们的婚姻不至于轻易变质。

所以，女人"吃醋"本身并不是一件坏事，对婚姻生活有着不可替代的积极作用。不要完全掩饰自己的"醋"味，偶尔吃吃"醋"，让男人感到自己在你心中的重要地位，可以让他在心理上获得极大满足，进而他会以更多的爱回报你。

"吃醋"是一种示爱的表示，可以有效地给婚姻生活调味，这就像往一杯白开水里加点柠檬一样，可以让感情再次变得有滋有味起来，夫妻之间的关系变得越发融洽。所以在感觉婚姻平淡时，你不妨用“吃醋”来刺激一下另一半。

对于婚姻和爱情中的女人来说，“醋”是一定要吃的，而且还得认认真真和光明正大地吃，你只有把“醋”吃好了，才能将自己的爱意传达给对方，才能发泄自己的不满情绪，进而稳固婚姻关系。

要注意的是，偶尔“吃醋”可以调节夫妻之间的感情，但是频率比较高的话，就过度了，是对丈夫和彼此间的爱情的彻底不信任，或者说，于爱人和自己都是一种束缚，会令对方退避三舍，幸福也会离自己越来越远。比如，《红楼梦》里的凤姐是有名的醋坛子。贾琏与鲍二家的有染，她大哭大闹，不但逼得贾琏道歉，还逼得鲍二家的自杀了；后来得知贾琏偷娶尤二姐后，她又心生嫉妒，硬生生地逼得可怜的尤二姐吞金自尽……两条人命让她的醋坛子打翻后“淹”死了，而她自己最终也落得个“聪明反被聪明误”的悲惨结局。

总之，“吃醋”是一门艺术，一门学问，一如烹饪的学问一般，作为作料，少了味道进不去，多了酸味太浓，而量适宜，则恰到好处不酸不淡，这是“吃醋”的最高境界，意“味”悠长，令人回味。

要想经营好婚姻，你就一定要掌握好“吃醋”的尺度，吃得恰到好处，既让爱人知道你的爱和在意，又不使他感到不快和难堪。如此，“醋”就成为婚姻生活中美好的调味剂，别有风情，别具风味，令男人欲罢不能！

抚慰心灵，做他的红颜知己

通常，女友或妻子想成为男人的红颜知己并不是一件容易的事情。男人是那种容易把心事隐藏得很深的人。他们不大愿意把心事全盘说给女友或妻子听。因为她们若能理解，当然好，可万一她们不能理解，反而还反驳或讥讽的话，自己岂不是就遭殃了。

尽管男人们顾虑重重，并设置一些障碍，比如用疲惫、困倦或忙碌之类的借口来逃避与女友的深层交流。但女人们仍然还是应尝试一下成为他们的红颜知己。否则，当另一个善解人意、能让你的男人放下压力的女人出现并成为他无话不说的知己时，你的醋坛子可就要打翻了。

除此以外，有时女孩们自己也忽略了与男友的沟通。也许很多女孩们开始恋爱时是想分担男人的压力，与他一起促膝长谈，成为他生活中最重要的人。可时间一长，她们因工作的忙碌，再加上琐事繁多，会很容易忽略与男友的交流，觉得反正都是“老夫老妻”，彼此还有什么不了解的，也就将两人需要交流的想法抛到九霄云外了。

因此，当忽略成为一种习惯的时候，男友也许对你仍然忠贞，仍将你视为结婚对象，可因为两人太久没有深入交谈，久而久之，他就不再认为你是他最好的交流对象了。

在银行工作的美月最近便遇到了此类难题。她对好友诉苦道："我们很快就要结婚了，可他对我却越来越冷淡。每次我想找他多聊一会儿时，他就对我说工作太累，压力太大，可又拒绝与我多聊，随便说上两句后就溜到了电脑旁玩游戏，根本不愿与我多说话。"

好友同情地说道："我表姐两年前也遇到了和你一样的情况，后来她老公在网上和他多年不见的一个女同学聊上了，那女同学也是结了婚的，两人在网上无话不说，成为精神上的好朋友。我表姐虽然生气，可又不好对她老公说什么，毕竟人家只是红颜知己，又没有入侵你的婚姻，老公也与她只是在网上偶尔聊聊天，既不见面，也不通电话，你吃干醋别人还会觉得你不大方，所以我表姐也只能一个人生闷气。"

美月问道："那后来怎么样了呢?"

"后来，"好友说着笑起来，"我表姐想到了一个好办法，她在网上扮作陌生人加了她老公为好友，与他在网上聊天。因为我表姐深知她老公的脾性，所以与他一下子就聊上了。日子一久，老公便视她为知己，将心里的话全告诉了她，而她就扮作一位知心妹妹似的人物，温柔体贴地去开导他。我表姐说在平时的生活中她还从来没有这么温柔和善解人意过。"

"于是，我就对我表姐说，你为何不把你在网上的表现运用到生活中呢，也许他的态度就改变了。人和人之间就像一面镜子，你改变，他就自然也改变了。表姐半信半疑地照做了，果然不到一个月，她老公对她的态度就改变了很多，不但乐于做家务，还愿意饭后陪她一起去散一会儿步，两人在散步时相谈甚欢，仿佛回到了从前恋爱的时光一样。之后，表姐将她在网上的特质又发挥到了现实生活中，温柔、体贴、善解人意，老公的心便渐渐向她靠拢了。又过了半年，她老公就极少在网上与人聊天了，因为他发现只有我表姐才是他聊天的好伙伴。”

好友的话引起了美月的沉思。美月在思忖自己从前是否对男友有疏忽的地方。于是当天晚上，美月就给他发了一封电子邮件。在那封长信中，她谈了自己的很多想法，包括承认自己从前对他有疏忽的地方，以及希望怎样改进两人目前已有些冷淡的关系的方法，等等。美月的信情真意切，深深地打动了男友，两人在经过一番深谈之后，对彼此又有了一个新的认识。

在美月和男友的共同努力下，他们的关系又像从前一样亲密了。美月此时才深深地感受到，除了做一个好女友外，还要放下高高在上的女友姿态，学着去做一个能与他谈心倾诉的红颜知己，才能使自己的这段感情更加美好，同时还能令自己在这段关系中更有安全感。

虽说女人天生就缺乏安全感，可这种安全感的获得不能仅靠男人给予，还得靠自己的努力加用心才能得到。

成为男人的红颜知己，不但可以使自己更加清楚这个身边男人的想法，还能进一步地认识自己，提高自己，在男人释放压力的同时，女人自己也获得了思想上的提升。

那么，要怎样才能成为他的红颜知己呢？一起来看看下面三个小方法：

（1）善解人意

善解人意应是女孩们首先要做到的，而善解人意的核心词汇便是换位思考。换个角度思考，要站在别人的立场上来看问题。只有先做到这一点，才能使人产生对你的信任，愿意把他的心里话告诉你。想想看，如果你觉得一个人不可信，认为他不理解你，你还会把心中所想都告诉他吗？一定不会吧。除了担心自己所说的他不理解外，还要担心他会因此而小看你、嘲笑你甚至责备你。所以你绝不会将自己的宝贵心事告诉这样的一个人。由此看来，换位思考，站在他的角度来看问题真得很重要，这是你成为一个善解人意的女人的关键。

（2）控制脾气

女友或妻子与红颜知己的区别就在于，当女友或妻子听到什么不中听，或者令她们觉得不快的话时，就会立刻发脾气，马上发泄她们的不满，几乎要令男人们落荒而逃；而红颜知己们就不一样，就算听到了什么不中听的话时，也不会立刻将自己的不满说出来，而是利用循循善诱的方式，一步一步地引导男人们自己来发现其中的错误。男人们通常会对这样的女人充满了感激，觉得这才是真正了解自己的女人。所以，想要成为男人的红颜知己，就一定要学会控制自己的脾气。

（3）多听少说

只有多听，你才会发现你的男友或丈夫的内心有多脆弱，身上所承受的压力又有多重，无论是工作上的负荷，还是与同事或上级关系的复杂，都会令他喘不过气来。也许他并不想要你帮助解决问题，他只是想找个能懂他的人来听他说话，如此便已足够。所以，女孩们在生活中一定要注意倾听男人的心声，给他们一个宣泄的空间。

学做男人的红颜知己，并不容易，是一个长期奋斗的历程。而仅有技巧也是不够的，还得要有一颗诚挚的心，以及一种宽容的胸怀，才能让自己成为让老公留恋爱慕的红颜知己。

既然说每个男人都想拥有一个红颜知己，那你就来扮演这个角色吧，疼他、爱他、知他、懂他，慢慢地，你会发现，你的丈夫已经慢慢地离不开你了，你成了他的红颜知己。

第七部分

你要爱的不只是他，
还有他的家人

幸福婚姻，不要败给“父母反对”

恋爱中男女分手的原因多种多样，性格不合分手的、一方见异思迁分手的、异地恋受不了相思的折磨分手的、价值取向不同分手的……而在这种种理由中，最让分手后的男男女女遗憾的恐怕就是：父母反对。

因为父母反对而分手的恋情，并不是因为两个人之间出现摩擦，而是迫于家庭的压力，所以，分手后双方仍然耿耿于怀，忘不了这个不被父母看好的旧情人。其实，父母都是想看到子女幸福的，总结起来，父母反对的理由也无非是怕你跟了那个人之后，以后的日子过得不好。

通常双方经济条件相差太多会遭到父母反对，父母的潜台词无疑是：“我家闺女跟着你过不了好日子”，或是“你就是为了攀我家儿子的钱”，一种是对对方能力的否定，一种是对对方人品的否定。而应对的办法自然是证明自己的能力和人品。

中央电视台热播剧《我的美丽人生》，就讲述了女主人公王小早如何在男朋友金波的妈妈面前证明自己的能力和人品，最终让原本反对他们交往的金波妈妈接纳这个儿媳妇的故事。

王小早是从农村到城里来打工的小保姆，金波是名牌大学毕业的服装设计师，两个有梦想的年轻人在相遇、相识后坠入了爱河，可是金波的妈妈对他们这段恋情是相当的反对，心想，“我儿子是名牌大学毕业的，怎么能找一个农村来的小保姆呢。”

面对金波妈妈的反对，王小早并没有轻言放弃，而是用自己的真心来证明自己对金波的真挚感情，她每天给金波妈妈做饭洗衣、料理家务，还让自己的哥哥帮金波妈妈修理电器，当金波妈妈意外受伤后，自己更是加倍照顾，久而久之，金波妈妈对小早的态度发生了转变，但是对小早的职业还是不太满意。而在这方面，小早也对自己的事业有细致的规划，从保姆做起，一步步发展人脉、树立口碑，最后在朋友的帮助下开了一家自己的家政公司。金波妈妈看到小早不仅人品没得说，还这么有能力，最终对小早这个儿媳妇欣然接受。

有人说不被祝福的婚姻不是圆满的婚姻。的确，如果自己的婚姻得不到父母的认同，确实是一个很大的心结。其实每个父母都希望自己的孩子在结婚后能过上比现在更幸福的生活，从这个角度说，闯好父母反对这一关并不是难事，只要证明自己有给恋人幸福的能力，多数父母也就会欣然接受了。

两情相悦至浓时，唯有走进婚姻的殿堂，这个时候父母的反对，还能阻碍我们前进的脚步？美好的婚姻是一生中最大的财富，要说服父母支持自己，或不反对自己。如果家长反对或不支持自己的婚姻，如何说服他们？步骤如下：

（1）要充分考虑父母的意见，但自己不应该受他们干扰，因为他们虽然都是为自己好，但他们的意见不一定正确，只有自己才知道谁是自己的所爱，要听从内心深处的呼唤，坚定自己的选择，明确自己的选择，这是说服父母的前提。

（2）下定决心：一定要实现自己心中的完美婚姻。要告诉自己：追求合法的婚姻是自己的法定权利，任何人不应该干涉，也没有权利干涉，只能给自己提建议，供自己参考。在选择婚姻时，你是唯一的最高决策人，因为婚姻中自己是唯一承担责任的人。“三军可夺帅也，匹夫不可夺志也”。如果一味地听从父母，那就等于丧失自我，牺牲自己的婚姻，用自己一生的痛苦换取父母一时的欣慰，因为没有哪个父母希望自己的孩子永远痛苦，如果自己一生在痛苦中度过，也会给父母带来长久的痛苦，那才是最大的不孝子女。

（3）耐心说服他们。告诉他们，如果不能和自己心爱的人在一起，自己会痛苦一生，不会幸福。告诉自己，如果他们不同意，自己结婚时他们可能不太高兴，但当他们看到自己将来永远很幸福，他们最终也会很欣慰。告诉他们，自己不会后悔现在的选择。

（4）没有哪个父母会因为孩子坚持自己的婚姻，追求自己的幸福而与孩子永远断绝亲情关系的。如果真有这样的父母，那是父母错了，不是自己错了。父母可以错，因为他们承担不了子女漫长一生的婚姻责任；但子女不能错，否则你就要用漫长一生的时间承担一时错误抉择的苦果。

（5）在漫长而短暂的一生中，选择婚姻是最关键的几步之一，要学会说服别人尤其是父母，而不是总被父母说服。如果自己一生可以做一次主，那就是在婚姻上自己做主，这样才能走出自己美丽的人生轨迹，活出舒展的人生，过上自己想过的生活，这也是父母真正的愿望。具体如何说服他们，只有你自己知道；只要你想一定要成功，你就一定能成功；如果你没有成功，说明你没有下定一定要成功的决心并采取坚定果断的行动。

（6）精诚所至，金石为开。坚持到底就是胜利。耐心说服他们，直到成功。

美好的婚姻离不开父母、亲人和朋友的祝福，我们要尽量提高幸福婚姻成功的概率，于是我们离不开不断地说服亲人朋友支持自己的一生幸福的决定，这样才会对你的未来婚姻生活幸福奠定良好的基础。

相处易，同住难

家庭治疗大师伯特·海灵格认为，家庭系统健康愉快生活的模式是：父母应让成年后的孩子离开家庭去建立自己的家庭系统。如果选择与孩子同住，老人需接受由孩子担任一家之主的事实。这样，孩子可以在表示对父母尊重的同时，作出更适合家庭系统发展的自身决定。

通常母亲已经把儿子当作生命里最重要的男人。虽然意识上知道儿子要成家立室，但是内心深处不愿放弃儿子给另一个女人。如果与儿子、儿媳同住一起，那位媳妇不会有好日子过。

父亲也一样制造压力给儿子的家庭。父亲习惯了在自己的环境中做中心人物，不会甘愿把领导的权力下放。做媳妇的会感到不知该听谁的话：丈夫、公公或婆婆，就像同时要服侍三个主人的仆人一样辛苦，尤其是三个主人的意见还不一致。试想，在这样的环境下，一段婚姻关系如何能滋润发展？对妻子来说，婚姻生活只会是不断地忍受委屈；而对丈夫来说，婚姻关系也只不过是不断的无奈及无力感。

妻子那边的父母也是一样。如果男的结婚后与妻子的父母同住，类似上述的问题也会产生，做丈夫的不能充分地发挥一家之主的力量，除非老人家懂得让年青一代掌权。有些妻子，虽然结婚后与丈夫居住，但是经常返回娘家，积极地参与娘家的生活。这是还没有充分成长，还没有脱离父母的表现。她的婚姻关系，很快便会出现问题。

如果还没有准备好离开父母的系统去建立自己的系统，请不要作结婚的决定，待自己内心把这件事搞清楚之后再结婚。不然的话，只会扼杀了一份珍贵的感情关系和一个可能是很好的婚姻对象。

但是，婚姻是我们每个成年人都必须面对的一种生活状态，人在自己最强壮的一段时间里建立家庭，生孩子，抚养孩子。当孩子踏入自己人生最强壮的阶段时，便应离开父母亲的家庭系统去建立自己的系统。孩子也应该优先地照顾自己的家庭系统，因为在旧的系统里，父亲在照顾系统里的人；而在新的系统里，是做丈夫的照顾其他人。所有的生物都是以这种模式把生命流传下去的，而且只有这样，一个生物种族才可以进化得更成功。如果让种族中不是最强壮的一个成员负责维持整个系统，这个种族就会有毁灭的危险。

如果现在已经步入婚姻的殿堂，正在与老人家同住，而且婚姻关系已经因此而处于紧张状态，应该怎样去解决？针对这个问题，没有“标准答案”。很多不确定的因素都会对此有影响：与配偶的关系状况、沟通方式、对事情的看法、生活环境、老人家的性格和沟通能力、经济状况等。

如果老人家只有一位，怕孤独，或者年龄大了，健康欠佳，也许养老院是个对大家都好的安排。特别是在养老院，老人家有很多容易沟通的人做伴，在家里反而没有人有时间与他聊天。在一些还是十分保守的家庭里，认为这个安排是不要老人了。但在西方国家，把老人家送去养老院已经是很普通很平常的事，而且被看作是照顾老人家的最好的安排，因为在西方国家，请佣人的高额费用是很难负担得起的。随着时间的发展，养老院在中国会慢慢被接受和普及开来。

如果两个老人家都健在，这便是最好的解决方法。他们可以就住在隔壁或者楼上，每周里你们都过去吃两三顿饭，他们也过来吃一两顿饭。如果老人家能够好好地与子女进行沟通、性格开朗、健康状况良好，而你的经济状况允许，最好是和老人家分开居住。每个系统都有一些与别的系统不同的事情和规则，系统内的人需要遵守，系统外的人需要尊重，而每个系统都需要一个领袖或户主。

如果一定要和老人家一起住，可以考虑采用以下的方法改善与老人的关系：对于一些不能接受的，尤其是涉及个人事情的一些规则，轻描淡写地维持自己的做法，即是低调地做，绝不否认隐瞒，但不要在谈话中提起。被问到时，只是自然、轻松地承认，绝不说谎去掩饰。

如果是老人家的一些态度难以接受，就在老人家态度产生时尽量躲开。不可避免地要面临时可以运用一些技巧去减低或消除不快的感觉，例如“抽离法”、“避弹衣法”、“换框法”等。

若实在不能接受老人家的某些做法，可以先想出两三个替代方案，再找一个老人家心情愉快的时候与他谈谈，让他选择一个其他做法。

寻找与老人家相同的信念或规则，并在谈话中给予充分的认同，绝不说投诉、抱怨的话。

在减少与老人家发生冲突的机会的同时，必须增加一些能与配偶和老人家一起从事的活动，这样能发出明确信息表明你不是逃跑离去，而只是改变方式而已。与他们在一起的时候，对所有不能接受的话或身体语言，表现出似乎是“看不见、听不到”的反应。只要有你能接受的反应出现，便积极地做出回应。

同时要注意与配偶的关系，不能厚此薄彼，保持一定的单独与配偶在一起的时间，若家中无此可能，可以制造机会在外面独处，例如周末看电影、两人去外地旅行等，以维持两人的感情关系。不要把配偶的父母给你的不快发泄在你的配偶身上，这样只会使他感到无力与无奈。如果不断发生这样的事情，他终究会感到烦躁而在心里开小差。说到底，两个人都不能放弃父母，千百年的传统使我们受不了这样的一份罪恶感。

上述方法，在实施前，可以和老公集思广益，共同探讨，并结合家庭中的实际情况，寻找与老人相处的最佳方式。

人和人之间是将心比心的，跟公公婆婆住一块，想要老人对你好，你就要对公公婆婆好。

爱他，也要爱他的家人

有一个成语是“爱屋及乌”，表面意思是说，由于爱某个人，因而连他家屋顶上的乌鸦都不以为不祥、不觉得讨厌了。放在婚恋关系中，即既然你深爱这个男人，就要重视他周围的人，尤其是要爱他的家人。

亲情是世界上最永恒、最稳固的爱，最难以扯断的纽带。对于大多数男人来说，家庭的和睦要比任何事业和金钱都重要。只有“家和”了，男人无后顾之忧，才能够抛却所有的私心杂念，心无旁骛地去奋斗，家和万事兴，说的就是这个道理。

遗憾的是，很多女人单纯地认为婚姻是两个人的事，结婚后男人就应该是自己的，于是和男人的母亲和姐妹争夺情感，为此上演了婆媳大战、姑嫂之争，弄得男人左右为难，使他们添堵、苦恼及郁闷。这些家庭烦恼使男人的心力被困扰，没办法专心致志地工作，在一定程度上势必会影响事业的发展。

任何一个男人在结婚之后也不希望自己的家庭从此只有妻儿，与父母、兄弟姐妹等都断了干系。爱我的同时发自内心地接受我的家人是作为一个妻子的本分，也是维持家庭和睦的法宝。

电视剧《新结婚时代》中，城市女顾小西和农村男何建国相亲相爱，但是在婚后的现实生活中，顾小西与何建国家人之间引发了一次次的争吵，令何建国左右为难、疲惫不堪……看到此，很多人都会摇摇头说：“婚姻不是两个人的事，而是要和他的整个家庭融合。”

因此，爱他就不要给他太多的压力，发自内心地接受他的家人，尽量帮他解除后顾之忧吧。

婚姻不是两个人的事，是两个家庭的事情，全体家庭成员的融洽才是最难得的幸福。而这种和睦是需要妻子去经营的。对于一个妻子来说，准确把握自己在婚姻中的角色行为，使家庭更为融洽是必修的功课。

聪明的妻子对新的家庭应该怀有感恩之心，因为你的公公婆婆的精心抚养，因为你的小叔子与小姑子的朝夕相伴，才成就了你优秀的丈夫，他们给予你丈夫的爱并不比你少，你应该感谢他们成就这个优秀的男人。

体谅男人的最好方式就是尊敬你的公公婆婆。男人大多是孝子，也大多要面子。随着年龄的增长，对家人与父母的感情会越深，他们不想背负“娶了媳妇忘了娘”的骂名，他们希望妻子能使自己的父母生活得幸福快乐。

话虽如此，但生活中的问题还是不少，很多女人和公公婆婆并没有什么隔阂，但从外表看起来，却和公公婆婆之间的关系总显得很疏离，甚至有一些磕磕绊绊。是什么原因导致彼此难以开开心心、温馨平和地相处呢？关键在于两代人的思维和生活方式不同，形成了沟通的障碍。

当公公婆婆对你表示不满的时候，千万不要顶撞，这样只会让矛盾升级，最好是以微笑面对，像对待自己的父母一样对待公公婆婆，这样会很容易拉近彼此的心，也是获得他们欢心的良策。

玉颖的丈夫是家里的独生子，公公婆婆对他特别宠爱，却对玉颖这个儿媳不是很满意。公公婆婆也有他们自己的道理，他们觉得身为教师的玉颖太过斯文，没法吃苦，稍微繁重的家务都干不了，这样的妻子只会给家里带来负担。

其实，玉颖是个知书达理的女人，但不管她怎么做都得不到公公婆婆的喜欢，这让玉颖很委屈，有时候也会跟丈夫抱怨几句，丈夫总让她别跟老人计较。玉颖为了不让丈夫为难，选择了忍气吞声，一如既往地孝顺公公婆婆。公公喜欢听黄梅戏，玉颖就从音像店搜罗来名家黄梅戏 VCD 送给公公；婆婆爱穿旗袍，玉颖就给婆婆买衣料做工都很不错的旗袍。

有一次，婆婆生病住院，玉颖每天下班都会炖上鸡汤，然后转几次车给婆婆送到医院去，在床前尽心尽力地侍候，同病房的病友都误把她当成是婆婆的女儿……婆婆看到瘦小的玉颖日夜奔波的样子，觉得她似乎没有自己想象中那么娇弱，也觉得自己对她存在偏见。

经过这件事情后，婆婆对待玉颖的态度有了一点儿变化，再加上玉颖平常对公公婆婆的尊敬，公公婆婆终于从心里认可了这个媳妇，再也没有对玉颖有过任何抱怨了。看着一家人快乐地生活着，老公更加用心地对玉颖了。

打一个形象的比喻，人与人的关系就像一个花园，是需要人来经营和维护的，你经营得好，便能结出满园灿烂的鲜花；

如果只是顺其自然，这个花园就会长满野草，久而久之就变成了荒地。

时常给他的父母买点礼物或补品，陪老人家聊聊天、说笑话；他的兄弟姐妹有事，你要尽己所能去帮一把；对于他老家来的穷亲戚，你不要露出鄙夷之色……爱男人的同时，接纳并关心他的家人，不让他左右为难，这才是对他的尊重。

人非草木，孰能无情？不是每个人都是天性凉薄，幸福是掌握在自己手中的，只要你能够真心地去对待每一个人，相信总有一天也会换来别人的真心，如此，丈夫也会感激你的贤惠，因此更加爱你，为你们的幸福生活努力奋斗。

想要好婆婆，就做好儿媳

在一个村庄里，一个年轻的媳妇和婆婆关系很差，她觉得婆婆总是处处与她作对。于是她来到一家医院，向一位慈祥的年长女医生询问："有什么秘方可以毒死可恶的婆婆?"

女医生笑着说："我给你开一剂'酸泥丸'，你可以每天在饭前拿一颗给她吃。只是每次给她吃的时候，装出很孝顺的样子侍候她，让她不会起疑心。三个月后，她一定会有变化，那时你再来，我给你加重剂量，一百天，必有效果。"

年轻的媳妇听了，高高兴兴地拿着药给婆婆吃了。三个月后，她来到女医生的面前说："医生，我不想毒死我的婆婆了。"

女医生问："为什么呢?"

她说："自从我听了你的话，每天饭前给她吃'酸泥丸'。婆婆突然对我非常和善，她抢着做家务，让我多休息，像我的母亲一样关心我。我想救救我婆婆。"村妇一边说，一边流下泪来，"医生，求求你，给我开解药吧，救救她吧!"

医生开心地笑了，她说："我知道你会来的，你放心，你婆婆不会死的，'酸泥丸'只是一道可口的点心。因为你经常面带笑容侍候婆婆吃点心，婆婆感觉你孝顺，从而也开始善待你。要知道，你要人家怎么对你，首先得学着怎么对人家。"

婆媳关系自古就是一个让人头疼的家庭问题，如果你处理得好的话，就会让你的婚姻生活更加美满稳定；如果处理不好，就相当于给你的婚姻埋下了一颗定时炸弹。

对于一个男人来说，他一生当中最爱的女人有两个，一个是生自己的妈妈，一个是娶回家做老婆的人。很多人都说疼儿子就要疼媳妇，同理，爱老公就要爱婆婆。搞好婆媳关系只会是一种双赢的结果，所以，作为媳妇，有必要花一点心思去思考一下：怎样搞好婆媳关系才是值得的。下面提供几点妙招给大家参考：

（1）在婆婆面前要体现对老公的爱，这是一定的。但也要让婆婆知道你和老公一样爱她。

（2）在婆婆面前要多说老公的好话，每个母亲都不爱听别人讲自己儿子的坏话。

（3）在婆婆面前一定要有肚量。因为每一个母亲把儿子辛苦养大，结果却属于了你，她心里多少都会有被抢走的感觉。

（4）在婆婆面前要时刻站在婆婆的一边，如果老公与婆婆之间有矛盾，一定要批评老公安慰婆婆。因为很多婆婆都会认为儿子的一些转变是因为有了媳妇，所以一定要让婆婆知道你和她是站在同一战线上的，这样将来你有困难时她也会帮你。

（5）在婆婆面前不要和老公亲热，那样会引起婆婆嫉妒。

（6）在婆婆面前一定要让她觉得你是她的女儿，怎么对自己妈妈就怎么对她吧。但在自己妈妈面前有时可以有些小脾气，对婆婆则要适度，因为有可能引起不满意，到时会影响你和老公的感情。

（7）要充分地体现她对你们的重要，这样会让婆婆有种成就感，可以满足她的爱子心情。

（8）有时要学着在婆婆面前撒娇，大事重视小事糊涂，这样婆婆会因为你的糊涂担心你，更因为你有主见而佩服你。

（9）不要同婆婆有问题就和老公告状，那只能增加老公的苦恼，还有可能让你们的关系变得更复杂，而应自己去试着和婆婆沟通。多和老公讲些和婆婆的开心事，他会更相信你的处事能力，会更加珍惜你，因为你是个难得的贤妻。

（10）如果婆婆是一个不讲道理的老太太，那尽管告诉她，你们都是她儿子最爱的女人，你们的关系会直接影响她儿子的幸福。

天下做媳妇的女人们，将心比心，总有一天，媳妇也会熬成婆。想婆婆对你好，你也要对她好一点。

“借”你的爸妈，去宠爱他

岳父岳母对女婿百般挑剔，这也是让夫妻关系紧张的一个重要原因。如果你正好面临这样的情况，那你一定要设法去改善他们之间的关系。不然的话，一直生活在如此紧张环境中的他，可能会突然向你提出离婚，不是不爱你，只是无法再容忍岳父岳母的冷清寡水。

首先，要让你的父母了解的是，你们夫妻之间非常恩爱。和父母团聚的时候，别忘了问老公晚上想吃什么，虽然父母做什么菜老公一般是不会挑剔的，但是每个人的口味不同，每一天的食欲也不同，亲切地问问老公今天想吃什么，“让妈给你开个小灶”，既显示了“妈”对老公的热情，也体现了妻子对丈夫的体贴。这种妻子对丈夫的细心关怀，会给人留下夫妻恩爱的深刻印象。吃饭的时候，挨在老公身边坐下，坐在饭桌之前别忘了提醒老公给你的碗里夹菜。男人是很粗心的一种动物，不过你告诉他，你在某个时刻需要他这样的关怀时，他是不会拒绝这些“举手之劳”的。妈妈夸你穿了一件漂亮的大衣时，有意无意地说出这是老公送你的礼物，或者说在商场看到后，老公觉得穿在你身上更好看，便怂恿你买下来了。尽管真相还有待考察，但是赞赏自己的老公，目的是哄妈妈开心，有什么不好呢？

其次，你要帮着你老公“贿赂”你的父母。时常留意父母的需要，督促老公给岳父岳母购买他们生活所需的物品（反过来，对公公婆婆也是如此）。过年过节，或者星期天的团聚时光，都应该让老公带上给父母的礼物，取悦他们，孝敬他们。进门之后，热热闹闹地喊一句：“妈，他给你买了一台血压仪。”“妈，他给你买了两箱特仑苏。”在向自己的父母传递礼物、送达信息时，同时传递的还有你对老公的尊重，会让老公觉得很有面子。当然，更重要的是，能向你的父母传递一种爱——你老公对你父母的尊重、孝敬和关怀。这也是让你父母和你老公能够亲近的最有效的办法，因为人们往往会接受给予他们礼物，而不是给予他们空话的人。父母养育子女不容易，我们应该在成家后更多地回报父母。父母可能会对女婿百般挑剔，可是女婿每次来都不空手，久而久之，他们还有什么可挑剔的呢？虽然“贿赂”别人以达到某种目的的行为并不光彩，可是谁会排斥为他们埋单的人呢？再说，父母其实是我们最应该去“贿赂”的对象。父母对子女的爱永远多于他们收获的爱，对于为他们埋单的人，他们只会想付出更多的爱。

再次，切忌一吵架就回娘家。聪明女人和老公吵架之后而又不想回家时，要么去住宾馆，要么去找同学，但是绝不会回娘家。她们深知，不理性的父母往往会把事情变得更糟，做妻子的本来只想让老公宠着自己、顺着自己，若事情闹到娘家那里，那就很可能把“人民内部矛盾”错误地转化成势不两立的“阶级矛盾”了。再说，这不是给本来就不待见女婿的父母传输负面消息吗？有网络调查发现，导致夫妻离婚的原因中，吵架后老婆回娘家位居第三位。一方面吵架后老婆回娘家会让老公觉得没面子，会让他觉得你最爱自己的父母，而不是他，会让你们的感情变得生分起来；另一方面，第三方介入来盘点你老公的毛病，添油加醋会将小事扩大化，怀疑你们的婚姻很可能也是让你们的婚姻走向尽头的诱因。

聪明女人吵架的时候，不摔盘碗，不摔报纸，不回娘家！心中有怒火，皆因爱和对爱的索求，千万别让没有真正了解夫妻之爱的第三方介入你们的感情事，更别让爱变成了恨，那可是我们人生中最惨重的损失和最痛苦的经历。

最后，找到父母和你老公的共同点。很多人感觉与父母的作为方式“不对路”，是因为彼此之间基本没什么共同点，这会导致“我的行为方式你看不惯，我也看不惯你的行为方式”。要想让父母宠爱自己的老公，聪明女人一定不要忘了从他们身上挖掘一些共同点。我们看到小孩子总是能很容易地玩到一起，几颗玻璃球、一个新的模型飞机、一把仿真手枪，都会让小孩子超热情地去接近这些玩具，小主人也愿意和别人分享自己的玩具，一起玩耍，共同的喜好可以增加游戏给他们带来的快乐。其实，成年人也是通过拥有共同的志趣爱好来结朋交友的，因此，每个人都愿意亲近能和他“一起玩耍”的人。在尴尬的婆媳关系问题上，聪明的女人会利用人的这一心理特征，为父母和老公架设一座传输、沟通、亲近与亲密的亲情大桥，这可是一项意义深远、收效不菲的爱心工程啊！教你一个简单的方法，找一张纸，左边列出父母的爱好，右边列出你老公的志趣，将左右相同的项目连线，找到他们共同的喜好。

世上没有难事，只要我们用心。你一直希望你的父母和你的丈夫能像一家人一样亲近，不是吗？那你还不快想办法。你一定听过这样一句时髦的话：“办法总比问题多！”

过节了，该去谁家团圆

过节该去谁家团圆，对于已婚夫妇来讲，确实是一个棘手的问题，尤其是新婚夫妇，受这甜蜜婚姻带来的幸福的同时，他们的内心也有对父母的惦念，于是，当迎来本该热闹喜庆的节日的时候，小两口却为去谁家过年而争吵起来。

丈夫小苏说："大过年的，如果我们小两口不回我爸妈家过年，屋里就只有老两口，人家家里都喜气洋洋的，我们家里却冷冷清清的，一想到这儿，我心里就不舒服。难道结婚以后，真的就难以兼顾父母了吗?"小苏还说出了自己要求回自己爸妈家过年的理由："按照中国传统，女方嫁入男方家，就应当以男方为先，过年当然是回婆家啦。再说，如果让街坊邻居知道了我过年没有回家吃年夜饭，他们一定会在背后说三道四，不是说我不孝顺，就是说我怕老婆，没出息，那我还有什么面子?"

妻子小玲也有自己的看法："现在都21世纪了，提倡男人应当有绅士风度，凡事要讲究女士优先。男方应迁就女方，回娘家过年。连这么点小事都要斤斤计较，还怎么彼此宽容地过一辈子?"小玲还说，每年过年都是所有亲戚一起吃年夜饭，是一家人多年以来不变的习惯，每年除夕晚上都非常热闹。去婆家，一共只有四个人，一点都感受不到过年的气氛。“说得难听点，爹妈养了我二十几年，如果以后连过年回家吃团圆饭的权利都没有了，那我就离婚。”

小苏和小玲都表示想让对方让步，而且他们两口子也不想为了这个事情影响感情，可是双方还是都不肯让步。现在他们只要碰到结过婚的熟人就请教他们是怎么解决这个问题的。原本应该和和气气的新年，也因为这个问题而变了味儿。

那么，到底应该怎样解决这个问题呢？我们不妨来看看下面这几对夫妻是怎么解决的。

主人公：丈夫小王和妻子小张

解决方式：把父母接到一起过年

小王是河北人，小张是天津人，两人一毕业就来北京打拼，现在经过几年的奋斗，他们在北京也成了有房有车一族，每逢过年，他们就会把父母接到北京，一家人和和美美地过上个大年。小王和小张一致认为，采取这样的方式过年既不会每年临近过年就为了过年去哪家吃年夜饭而吵架，两家人一起吃饭也会更热闹，感情也会更好。

主人公：丈夫小李和妻子小黄

解决方式：轮流回婆家和娘家

小李和小黄都是北京人，父母也都在北京，这可比那些夫妻俩父母分别在不同城市的夫妻更容易解决这个问题，可是这对80后的小夫妻也没少为这个事情吵架，大年三十那一天，各个家里面都是一大家子亲戚团聚，双方父母也都想大年三十这一天自己的孩子回家和七大姑八大姨的吃个团圆饭。最终，他们的解决方式是轮流回婆家和娘家，也就是如果去年在小李家吃的年夜饭，那么今年就在小黄家吃，明年就又转战到小李家，以此类推。小两口对这样的解决方案还是比较满意的，他们说：“我们都觉得这样做对双方的家庭都挺公平，两个人的心理也不会有什么不平衡。”

主人公：丈夫小刘和妻子小魏

解决办法：各回各家、各找各妈

这个办法乍一看是一个无奈之举，可是小刘和小魏却不这么认为，他们说：“这个方案是我们在结婚前就想好了的，因为身边的许多朋友结婚后都会为这事发愁，所以我们在婚前就商量出了解决对策，我们平时由于工作忙，每个月也就回家那么一两次，父母在经济上虽然是不差钱，但是却缺少了精神上的关心，所以，我们都觉得趁着过年长假在各自家中陪父母过个年是个不错的选择。”

每个人都会把家视作自己的一部分，爱对方的家人也是两个人爱情的重要组成部分，如果你真的爱他，那么不妨在这个问题上退一步，相信一定会换来你们两个家庭的美满幸福。

唠叨是婚姻的坟墓，莫让它侵蚀幸福

在现实生活中，女人们必须时时提醒自己，永远都不要做一个唠叨的妻子，因为唠叨并不能让你备受关注、体贴和赞赏，它只会让你的老公讨厌你。

俗话说："三个女人一台戏"，这话当然不是什么夸人的话，无非是说当一群女人聚在一起时话就比平时要多得多：什么某人的男朋友阔气、浪漫；什么自己老公的事业不尽如人意，不懂爱情；什么孩子不懂事，不知该怎么教育……

这些爱唠叨的话匣子不仅在外面说、和女人说，一到家里更是彻底打开了扬声器，想收都收不住，而她们的男人也就成了免费的、逃也逃不掉的听众。对此，女人们总会有自己的一大套说辞："就是因为他是我老公，所以才说他。再说，我也是为他好，是爱他、在意他，换了外人还懒得说呢！"

可是，老公不是孩子，可以任女人整天吆五喝六地说来道去，家庭也不是幼儿园，习惯性的唠叨会让丈夫产生强烈的逆反心理，他们的容忍度是有限的，终会在某一天如火山般爆发，或显性，或隐性。

小李的老婆就是一个典型的“唠叨王”，连小李自己都怀疑：恋爱时候那个天真、可爱的女孩哪儿去了？怎么做了老婆就变得这么爱唠叨起来？在老婆的眼里自己简直就是一个永远长不大的孩子！

早晨起床时，老婆会说：“你看你，被子怎么叠的？”

“不就叠一床被子吗？你以为是军营？”小李心里暗想。

“老公，牙这么快就刷完了？还不到一分钟吧，是不是又偷懒儿？”

“我还要赶时间上班呢，刷牙哪用得了那么长的时间？又不是磨刀！”

小李刚要出门，老婆又在后面喊：“老公，还没吃早餐呢，至少要喝杯牛奶再走。”

小李心想：每天都吃这个，快腻死了，我还是比较爱吃街头的烧饼。随即对老婆说：“来不及了，我还是去公司吃吧！”

这是早晨的唠叨声，在这时暂告一段落。

小李在公司工作一天忙得天旋地转、头晕眼花，终于到了下班的时间，本想这下可以轻松了，没想到老婆的电话此时却猛然响起：“喂，老公，下班了吗？赶紧回家！”

小李应付着说道：“知道了，马上回去。”可他心里却在说：“明知故问，不回家干啥？废话！”

假如小李路上遇到堵车，手机声可能就会连成一片——

“你怎么还没回来呀？”

“还有多长时间？”

“怎么总是堵车，就你倒霉。”

老婆总是唠叨个没完，不听不行，而听着又总让人心烦，所以小李对付她的办法只有一个：一只耳朵进，另一只耳朵出，千万别当真，更不能较真！否则，准是天天都开战！而这还不算完，小李前脚刚踏进家门，老婆的唠叨又开始了——

“哎呀！快去换鞋，别把地板弄脏了，我都收拾半天了。”老婆大声地嚷道。

小李道：“不会吧？我的鞋有那么脏吗？再说，你有时不也不换鞋吗？”

老婆马上辩解道：“什么时候？我怎么不知道！”

小李不予理睬，径自坐在沙发里看电视。

老婆又说：“回来就知道看电视，赶快到厨房帮我打下手。不然，你还想吃饭吗？”

到了吃饭的时候，小李的耳根也得不到清静。

“别只知道吃肉，多吃些蔬菜，知道不，这样对你有好处！”

“瞧我做的菜，色香味形堪称一绝，再看看你，笨手笨脚的！”

面对诸如此类的唠叨，小李经常靠敷衍了事去应付，只盼吃完饭，能痛痛快快地看上一场球赛。

不幸的是，老婆的声音再次响起：“这个台不好，快给我看韩剧，今天大结局！”

每到这时，小李都在想：“得，好男不跟女斗，惹不起躲得起。”回书房看书总可以了吧！

可是，用不了多长时间，老婆又一次出现在他的眼前：“书好看还是我好看？我难道那么让你烦啊？”

男人喜欢女人的清纯可爱、持家有道；男人可以容忍女人的无理要求，愿意花费心思宠爱她们。但是，世界上没有哪个男人会喜欢和欣赏爱唠叨的女人，也没有任何男人会敬重整天唠叨的女人！因为像小李的老婆这样爱唠叨的女人，在“演讲”时，很少真正考虑到“听众”的感受，她们通常只想到自己的发言，却根本不想做一个听众。

在男人的眼里，家庭是一个人在繁忙工作后歇息的地方，累了，可以躺在床上休息；饿了，可以吃自己喜欢吃的东西；烦了，还可以看电视、听音乐……

对男人而言，家庭更是一个人避风的港湾。在他受委屈时，你是他可以倾诉的对象；在他遇到挫折时，你可以协助他渡过难关；在他身处异乡时，唯一能够想起的是家中的你——你的一个电话，能够使他获得精神上的依托，让远在异地的他了却相思之苦……

而女人的唠叨，却经常会让男人无所适从。由此，他们逐渐地对女人产生反感，甚至感到绝望，他们从此会视女人的话为耳边风，会变得爱答不理，他们对女人的举动开始漠视。久而久之，在爱唠叨的你和你的老公中间就会出现一条不可逾越的鸿沟！他们宁愿独自在外面漫步，也不肯回家看望娇妻；或者他们从此沉迷于醉酒之中，只知道一醉解千愁……

做一个不爱唠叨的妻子好处多多：

不唠叨的妻子，能够掌握老公的心理，她们懂得“沉默是金”。在老公面前，好话不在多，一句顶十句！

不唠叨的妻子，懂得维护老公的脸面，捍卫他身为男人的尊严。

不唠叨的妻子，懂得怎样珍惜夫妻间的感情，使一个小家成为两个人永恒不变的温馨爱巢。

不唠叨的妻子，永远都能得到老公的关爱和敬重。

如果想要保持在老公眼中可爱的形象，最重要的不是挑选适合自己的化妆品，也不是穿着华丽的衣装，更不是在商场中购买昂贵的首饰，而是要管住自己的嘴巴——做一个不爱唠叨的妻子！

营造温馨，让家成为避风港

家是一个男人的城堡，一个女人的天堂。劳累了一天的男人，希望回到一个情意融融、轻松和舒适的家。家，便是他身心俱累时休息的港湾。在家里，男人都渴望得到妻子的体贴和抚慰，消除疲劳，恢复体力。而作为妻子的你，就要扮演：好妻子、好妈妈、好儿媳。而能做到这些的，就是一个好妻子。

一个聪明的女人非常善于设计婚姻，而一个善于设计婚姻的女人首先是一个善于理家的女人。

男人和女人组成了家庭，谁都希望自己的家温暖和谐充满欢声笑语，想拥有这样的家庭需要两个人共同的努力来营造，但其中女人在家庭中的作用似乎更大。女人特有的细腻、温柔，及天生具有的善良母性使家庭的氛围在女人的调理下整洁、舒适、温馨。

营造一个温暖的家。一个让家温暖的女人，是一个聪明的女人。聪明的女人知道男人也有苦衷和难处，特别是男人在家庭中担当着传宗接代、光宗耀祖的重要使命，势必比女人多了份责任和义务。一个聪明的妻子，要学会理解自己的丈夫，当一个女人嫁给一个男人时，你一定要切记，自己不仅嫁给的是他这个单个的人，而且嫁给了这个男人身后的整个背景。要主动地把自己当作这个大家庭中重要的一员，认真地履行自己应有的责任，不必计较个人的得失。其实，同是一家人，谁得到都是一样的，而一旦失去，就是整个家庭的损失。理解丈夫，是给他一块垫脚石，让他跨越路途中的障碍；理解丈夫，是给他一把伞，为他遮风挡雨。理解丈夫，是多给他一些同情；多给他一些怜悯；多给他一些支持。在这样的情况下，给他一个温馨的家，让他感受到家永远都是一个温馨的港湾。

一个女人可以寻求爱，但她更应该知道自己的角色，一个妻子和一个母亲的角色。她应该更多地体会丈夫和孩子的感受，创造一个温馨的家，辅导孩子的学习和培养孩子的品格。家，是一个温暖的港湾。远航的人，最盼的也是回到这温暖的港湾；家，是风雨中的希望。外面的风雨再大都不怕，因为，只要有这个温暖的家在等着你我；家，是最自由自在的地方。是心灵最后停泊的港湾，滤去浮躁和喧哗，现出宁静素朴的底质。为了让人在密集的城市里获得一份自由和随意；家，是一个分享爱的地方，让浓烈的爱，在家的温情里共同分享，彼此间一个眼神，一个关注，都会让人心里暖暖的；家，是用心去经营的，家是温暖的港湾。所以，女人要让家变成一个温馨的港湾，这样才会幸福，聪明的女人会用自己的方法去建造自己温馨的家，她会让丈夫在受伤时感受到家的温暖，会让孩子感受到家的温馨，所以说，一个聪明的女人会幸福，因为她让家变成了一个温馨的港湾，这是孩子和丈夫所需要的，这样的家庭里才有幸福。

男人每天所面对的是各种复杂的事物和矛盾，男人回家，就像是从战场上凯旋的战士，他们需要的是关心与体贴。此时，只要听到妻子一句体贴的话，喝上一杯家里的女人亲自为他沏好的香茶，就可能令他意识到妻子的存在，妻子的重要，更感觉到“家”的温暖，这一切都是因为女人，是她把家变成了温馨的港湾，让丈夫去享受。于是，他所有的烦恼和疲惫就会立刻消失得无影无踪。如果他拼搏一天回到家，等待他的是责备、怨言和漠不关心，让家和上班没什么两样，那他就会真正地去外面“消遣”了…… 让男人感觉到家的温暖。一个理家的女人，一个把家理得温馨的女人，才是一个成功的女人。

一个聪明的女人，她将会把自己变成一个出得厅堂、入得厨房的好女人，而且是拔尖的好女人。但也要拔尖的男人来配。我们知道，七仙女爱上董永只是一个美好的神话，也许男人更喜欢这样的神话。不过，凡夫俗子的生活毕竟是琐碎又俗气的，一日三餐上班睡觉，柴米油盐永远是芸芸众生的生活主题。对于一个在社会上打拼的男人来说，一个温柔体贴的好女人就像一个平静的港湾，随时迎接你风尘仆仆地归来。你成功了她为你准备庆功的红酒，如果你一败涂地，她会像抚慰孩子一样让你在她的怀中痛哭。这样的好女人也许不漂亮但一定稳重，也许学识不高但一定通情达理，也许不懂流行的时尚但一定大方得体。也许钱少但一定会精打细算过日子。这样的好女人才是男人真正需要的女人，有这样的女人应该是男人一生的福分。所以，一个女人要想得到丈夫永远的爱，那么她就会用自己的方法把家变得有吸引力，让丈夫不得不爱这个家。

做丈夫的在外面奔波劳碌了一天，回到家里，就想舒舒服服地享受一下家庭的温暖，享受女人对他的千般温柔，这时做妻子的要关心一下丈夫的工作情况，了解一下丈夫的思想动态。多些鼓励，少些唠叨。也许有人会说，男人是坚强的，刚毅的，何需讲什么安慰与关怀，其实不然。从某种意义上讲，做女人难，做男人更难。正像一篇文章中写的那样，男人并非天生的幸运者，最要命的是他们还必须强撑着架子，从这点而言，男人要比女人更为苦。所以，一个聪明的女人会给他一个温馨的家，让他减少许多的忧愁。

家，对于男人来说，也是避风港和加油站，是让他身心最为放松的地方。没有一个幸福的家庭，再有激情的男人也会被折磨得焦头烂额，再能干的男人也会感到生活无聊。一个聪明的妻子要首先懂得如何为丈夫创造出一个充满温馨、安全和舒适的爱的小巢，让家成为一个爱的港湾。

不管男人女人，同样需要一种这个家里没有他就不完整的满足感。所以，除了干净整洁之外，家应该有一种快乐祥和的气氛，能够让人彻底的放松。

有一对夫妻，年轻时他们家里特别穷。在城郊的家中，除了他们一些日常必需的生活用品之外，唯一的奢侈品可能就是摆在小屋中间的那台14英寸的黑白电视机了。日子虽然过得清贫，但他们彼此宽容、互敬互爱，日子倒也过得闲适。丈夫是一个球迷，特别爱看球赛，妻子爱看电视剧。妻子看电视时，丈夫若无其事地在一旁看书；反之，妻子也一样。

在一个春天的晚上，这种安静的生活被打破了。家中发生了一件大事：电视机坏了。里面的图像影影绰绰，时隐时现，声音也沙沙的。更要命的是，此时正在直播一场重要的足球比赛。这下可糟了，平时温文谦和的丈夫心急如焚，拼命地对着电视机拍拍打打；文静的妻子也放下书本，着急地把天线拨来拨去，可是全无效果。“好了！”随着妻子惊喜的叫声，电视图像又清晰了，声音也好了起来。“还是你行！”丈夫又坐了下来，妻子也准备继续看书。可刚一离开，图像又恢复原样了。回到原地方，图像又清晰了。“这回可真是好了！”图像稳定一段时间后，丈夫兴高采烈地接着看下去，全身心投入的他，没有注意到妻子一直站在那儿。“真精彩！”球赛结束了，丈夫发出啧啧赞叹，抬头正要招呼妻子时，却发现妻子站在电视机旁手扶天线，正在打瞌睡。丈夫叫醒妻子，妻子手一松，天线落下。“沙沙……”电视机的屏幕又模糊了，图像又开始影影绰绰……

后来，他们把家迁到了市区，三室两厅的公寓房里装上了进口的“家庭影院”。只是那台清贫时期的黑白电视机，他们仍舍不得扔掉。我们可以说，这位妻子是一个好妻子，正是因为她对丈夫的爱，让他们的家更好，更激发了丈夫的创业决心，他不想让这么好的妻子受累，所以下定决心努力做出一番事业，最后他终于成功了，而妻子也为她营造了一个温暖的家，这样的家才是温馨的港湾，如果在外面有一点儿不顺心，可能只有回到这个港湾里才会觉得家原来是最好的，它可以让人消除疲惫，而妻子则给了他这样一个家。

爱的港湾不一定要拥有豪华的家具，却一定要有两颗相互怜惜的爱心；爱的港湾不一定是宽敞明亮的豪宅，却一定是一个充满温情的爱的小巢。女人想去设计和创造一个豪华而富有的家，远没有去设计和创造一个温馨的家，更能展示你们的天性和魅力！

聪明的女人不会推卸女人做家庭主妇的责任。家是温馨的港湾，家是生活的驿站，家是爱的希望和源泉，家是丈夫的根，家是孩子成长的摇篮。这一切要女人去设计，去经营。生活的脚步再匆忙，女人也会精心营造自己温馨怡人的家。女人会卸去烦琐的装扮，脱去心爱的衣裳，挽起衣袖，料理生活的一日三餐，整理丈夫孩子的衣服鞋袜，拂去家中的点点尘垢。女人理解丈夫生活的艰辛，精心算计日常开支，克勤克俭，女人在心中盘算家的现在，更计划家的未来。女人守候在自己的家中，神态祥和又宁静。看到自己为丈夫孩子带来的轻松适意，女人会为自己的付出感到欣慰。

在现代这个经济发展飞速的世界里，男人必须整天和对手竞争；作为女人，如不希望自己的丈夫完全被他们的工作占据，或是身体和精神完全被工作控制，但又希望他们在工作上有最好的表现，那就应创造一个快乐而安详的气氛，等着他回家，给他一个温馨的家。

守护自己的家，是为丈夫点燃一盏温柔的灯，为他永远敞开一扇门。用灯的光明为他引路，让他不至于迷失方向；敞开不关闭的门，让他的港湾充满温馨。

上得了厅堂，下得了厨房

自古以来，贤惠的女人都是“上得了厅堂，下得了厨房”，她们把相夫教子当作自己一生的使命。而21世纪的新时代女性倡导男女平等，女人也要撑起半边天。殊不知，女人都出去闯世界了，家庭自然难以有很好的照料。尽管她们也明白“要抓住一个男人的心，首先要抓住他的胃”，要想拥有幸福美满的家庭生活，女人必须要做出些牺牲，但是如今女人越来越独立强势，觉得下厨那是保姆的事情，自己可是“十指不沾阳春水的公主”。在她们眼里，甚至不屑于做家务，觉得那些是再卑微粗俗不过的。

晓云开始的时候就是这样想的。晓云的家里并不算特别富有，但是父母也都是高级知识分子，生活也算优越，从小对晓云疼爱有加，她连厨房门都不曾迈进过，也不用做家务，通常都是请钟点工之类的家政来收拾屋子。

在她看来，自己，本来就应该是一个高贵的人，以后的日子当然是一天比一天好，自己的一辈子都应该是这样轻松悠闲。

她的一些姐妹们也都是富家女，扎在一起就常常讨论以后要找个什么样的白马王子，像韩剧里的尹智侯还是港台剧里的尚源伊，一个比一个帅气又一个比一个深情，最重要的是一个比一个家世显赫。姐妹们说：嫁给这些人多好，被人宠爱又不用为了柴米油盐而发愁。晓云听了心里暗暗称道。她知道也许找家世显赫的人很难，但是找一个爱自己又不会让自己下厨做饭的男人应该比较简单。如果他真的爱自己，就一定会容忍自己不会做饭。

到了谈婚论嫁的年龄，晓云经过父母的撮合认识了相似背景下的磊。磊的家庭也很富有，而且磊自己也很有能力，年纪轻轻就已经成了公司部门的经理。最主要的是磊跟晓云求婚时表白的话：我会用一辈子的时间呵护你，爱你，让你成为一个幸福而高贵的女人。晓云一下被打动了，她心想：我以前要找的不就是这样的人吗？何况他还那么优秀。我真是太幸福了！

可是，现实总是与理想有一定的差距，结婚不久，晓云就大呼自己被骗了，而磊也生气地说自己真是瞎了眼。他们开始不断地吵架，甚至提出了离婚。

双方父母赶紧赶过来“救火”，想看看到底是什么原因让这对本来应该甜蜜相守的爱人吵得不可开交。原因很简单：磊正处于事业上升期，每天要在公司加班，等部门的员工都走了以后还要总结一天的情况，可是当他疲惫了一天，想回家看晓云给他做了什么好吃的犒劳他时，却发现厨房冷清，干净，所有锅都是干干净净的摆在那里。冰箱里也空空的，除了零食并没有什么他爱吃的。第一次他忍了，叫晓云下班早的话就去买点好吃的菜或者熟食之类的回家。可是连续几天，他发现不管是下班早还是稍微晚了，晓云都是不操心家务，从不买菜买米的，只会买点零食或者去外面吃。他还是忍了，也到外面去吃了几天。可时间长了，磊也受不了了，他开始觉得自己讨来一个地主婆一样的女人，只知道吃和使唤别人。而晓云也恼了，她觉得磊本来就有义务让她幸福高贵，要是磊没有做到，那也是他的事情，为什么要怪我呢？

两人因为这个结解不开，吵闹得不可收拾，甚至到了离婚的边缘。双方父母听完以后都没有吭声，尤其是晓云的父母，脸色铁青，像憋足了气。晓云本来还想在父母面前哭诉一下，一看父母脸色不对，话也不敢说了。而这边晓云的父亲已经站起来给对方父母道歉了："亲家，真是对不起，是我教育孩子的方式出现了问题。我希望现在我还能来得及教育她。"说完，晓云的父亲又望着晓云问她："你觉得你妈妈幸福吗？高贵吗？"晓云想了想以前一家三口恩爱的样子，回答道："当然幸福，妈妈每天脸上都挂着笑容，你和妈妈又那么恩爱。妈妈是一个受人尊敬的教师，学生常常来家里看她，她也是最高贵的人。"父亲又问她："你妈妈进过厨房吗？你的衣服、爸爸的衣服都是谁放到洗衣机里的？你爱吃的菜都是谁给你做的？"晓云低下头不说话了，她的父亲又说道："难道我不爱你的妈妈？难道我没有呵护她？"晓云红着脸打断了父亲的话："嗯，我知道错了。"父亲语重心长地说："孩子，爱都是相互的，没有谁该为谁做什么，等着别人为自己服务并不是幸福，幸福是能让自己爱的人高兴。同样，高贵也不是自己什么都不干，高贵是付出过后，人家给你的尊重。"

晓云没有说话，默默地站起来，走向了厨房，而磊也深情地拥住了晓云的肩膀……

成功学大师卡耐基说过，厨房属阴性名词，它是母性的、包容的，它散发着暖融融的母性光辉，堪称是世界上最博爱、最温暖的地方。可能作为妻子的你并不擅长烹饪，即使你笨手笨脚、手忙脚乱才为丈夫做好一顿饭，但在丈夫眼里，那是妻子的心意和爱意，是她对他爱的最直白、最实际的情感表达。

对女人最重要的是家庭，要在家庭和事业间把握一个平衡点。在自己事业顺利的同时，要抽时间给丈夫做几样拿手好菜，借机展示下自己的温柔的一面，成为最让丈夫回味和期待的生活插曲。

有了孩子，做一个好妈妈

生儿育女是每个女人一生中必须经历的事，也只有体验过做母亲感觉的女人才算是完美的女人。也许你品尝过各种各样的幸福滋味，但是如果你没有享受过做母亲的幸福，那将是一生的遗憾！

人间最伟大的情是爱情，最伟大的爱是母爱，铃的经历将这一说法展现得一览无余。

铃与丈夫结婚不到两年，就有了一个活泼可爱的女儿。她的好友洁问及她做母亲的感受时，她自豪地告诉洁，自从十月怀胎到女儿出生，虽然是短短的十个月，但是过程却显得那样的长，值得欣慰的是女儿的血脉早已经交融在她的血液之中了，她体会到了身为一个母亲的伟大。一个新的生命正在她的体内茁壮成长，做妈妈的感觉已经让她忘记了一切痛苦，艰难地与顽固的感冒斗争，只为了女儿的健康，这就是伟大的母爱。

铃的老公经常出差，有四个多月身孕的她只能独自一个人在家。一次，铃患上了感冒，因为有孕在身不能轻易用药，可是老公出差在外，只好孤独无助地躺在床上休息。

感冒的第一天，她没有太在意，心想只是头疼而已休息一下应该没有多大问题的。

第二天下午，铃开始低烧、头疼。深夜，整个人瘫软在床上，觉得全身发烫并偶尔伴有阵阵寒意袭来，口干燥得发苦。

她痛苦地流下了眼泪，心中无数次埋怨着丈夫将她一个人留在家中，轻生的念头在她脑海中闪过，可是她想到自己腹中的小生命，一股神奇的力量战胜了虚弱的身体，她挣扎着起身到厨房倒水喝。虚弱的她打来一盆冷水，用冷毛巾冷敷自己发烫的额头。躺在床上泪眼婆娑地回想着婚前的幸福，这时她多盼望有双温暖的手递给她一杯热水，替她更换毛巾呀！

可是，安静漆黑的深夜吞噬着她的身体，将她推向病魔的手中，没有人可以拉她一下，只有腹中那还不谙世事的小生命在生长。她只好尽力打理一切，希望孩子能健康成长，并且赶快来到人间与她相伴。想着想着，不知不觉中进入了梦乡。

天亮了，太阳发出耀眼的光芒。铃的母亲由于好多天没见她回家，放心不下所以前去看她。进门后，被病痛折腾一夜的铃已憔悴得不像人样。母亲心疼地安抚着自己的女儿，连忙问发生了什么事，铃将自己发烧的事情向母亲大概说了一下。母亲的眼泪瞬间滑过了脸庞，哽咽着埋怨她生病了却不知道回家，在家最起码不会没有人照顾。铃笑着安慰着母亲说，没事的，这不也挺过来了嘛。说着说着，委屈的热泪夺眶而出。

十个月后，伴随着撕心裂肺的疼痛，女儿啼哭着来到世上。从此，铃的人生伴随着孩子的出生有了一个大的转折，进入了一个新的起点，由快乐无忧的女孩转变成母亲，那是一生当中最美丽而且最最难忘的时刻。

这十个月来所受的苦，似乎被孩子的到来，扫得一干二净。她忘记了疲惫，第一感觉就是了却了一桩心愿，心底里有数不尽的幸福花朵正开得绚丽多姿，脸上不自觉地露出了舒心的微笑。

实际上，每一个体验过做母亲感觉的女人都十分清楚，这只是人生一个新的起点。随着孩子的到来，更重的抚养任务也来临了，如何让这个小生命快乐健康地成长，这对于每个初为人母的女人来说都是一项任重而道远的工作。

七天后，铃抱着可爱的女儿走出了医院。但是，由于胆小，她不敢给女儿换尿布，因为初生儿的全身软得很，一向胆子小的她对初生的女儿更是不敢贸然触碰。结果忙坏了婆婆，也累苦了妈妈。

一个月后，女儿体重增加了，可婆婆和母亲却明显消瘦了一圈。为了减轻婆婆与母亲的负担，也为了感受女儿与自己亲密接触的美妙感觉、真正感受做母亲的幸福，她也渐渐地从心理上克服了障碍，经常尝试带女儿睡觉，给她换尿布，亲抚她的肌肤，慢慢地适应了一个人哺育女儿，担起了一个母亲应尽的义务和责任。

两个多月后，婆婆回老家去了，母亲也回家了。从此，带女儿的事完完全全落到了她的肩上。接下来的无数个日夜，她总觉得疲惫不堪，总想睡，不过能美美地睡个踏实觉已经成了一种奢望。可是，吃奶中的女儿怎么会心疼妈妈的辛劳，只知道饿了要吃，困了必须立即睡觉。躺在妈妈的胸口嗅着妈妈身体的香味，即便不睡也是那么的惬意。

时间慢慢地流逝着，她期盼着女儿快快长大，由一个月大时往两个月盼，从两个月时再向三四个月大的小孩儿期盼。四个月时，女儿已经可以吃一些辅助食品，比如蛋黄、浓稠的大米汤等。而铃总是很乐意为女儿服务，做这些辅助食品，因为这毕竟说明了女儿在健康地成长，从中她也体会到了成就感和身为母亲的伟大。

然而，到了四个月时又盼着她尽快长大，希望她能尽早喊自己一声“妈妈”，希望早些看到女儿蹒跚学步时的可爱模样。希望她拥有一副美妙动听的嗓音，希望她每一步都能走得踏实稳健。

时间在她的期盼中慢慢地度过。从她第一次听到女儿稚嫩的声音发出“妈”的音节，到女儿迈出第一步，再到女儿自己端碗吃饭的刹那，铃露出了欣慰的笑颜，那是初为人母后最开心的笑。

人们都说，女人只有做了母亲以后心底的爱才会真正地流淌出来，如涓涓细流滋润着孩子的心田。的确如此，当女人真正成为一名母亲时，才能体会到这句话的真谛。

女人只有成为母亲时，才是人生中最辉煌的时刻；只有在亲手抚养儿女的过程中，才能体会到人生的乐趣；只有看到孩子长大成人时，才能体会到母亲的伟大。

第八部分

婚姻不是爱情的坟墓，
而是幸福的新起点

如果有爱，就没有依赖

现在是讲究人权的社会，倡导男女平等。很多女人也不负重望，成为了社会的半边天，扮演着举足轻重的角色。这样的女人和丈夫相互依赖、相互支撑、相互帮助，婚姻就会持久稳定。但仍有很多女人像藤条一样依附着男人这棵大树，一旦失去了大树，她们便会枯萎，便会精神萎靡，便会失去生命的动力。

夫妻双方心中都有一台天平，掂量着爱情的分量，女人把丈夫当成自己的全部，爱的天平就会发生倾斜，难以平衡的爱情就会扭曲，婚姻的殿堂也可能坍塌。

29 岁的蓝蓝是独生女，在家时父母宠着她。现在和结婚三年的丈夫生活在远离父母的城市，丈夫也像父母那样宠着她，大到工作难题，小到每天穿衣，都由丈夫替她拿主意。同事都羡慕蓝蓝，但蓝蓝却苦恼不堪，每次只要丈夫一出差，她就坐立不安，没有安全感，整天闷闷不乐，甚至乱发脾气。蓝蓝说，她特别害怕丈夫不在身边的感觉，她觉得心里空荡荡的，不知道干点什么或者做些什么让自己变得开心。

蓝蓝的依赖主要表现在对情感的依赖上，婚前她依赖父母，婚后依赖丈夫。女性天生就具有依赖他人的特点，在女性的个性形成过程中，社会和家庭都为其灌输着被保护的思想。未婚时，父母对女孩关爱有加，反而导致她的自主心理欠缺。婚后，丈夫因为责任感，也对妻子倍加呵护，这就使一些女性产生依赖。另外，社会上的一些规则、文化氛围都是倾向于保护女性。这些因素综合起来就会使女性更易产生依赖心理，如果这种依赖达到一种病态的程度，就会影响女性的身心健康。另外，对于被依赖的人来说，常常有种不堪重负的感觉，所以依赖发生在婚姻生活中，极易对夫妻的感情产生负面的影响。

女人心中痛的种子是自己长期播种的结果，根源之一就是过度的依赖男人，甚至失去了自己的价值观，让男人来决定自身的价值。同时也给男人带来越来越沉重的压力。时间久了，婚姻的质量必然会受到影响。把丈夫或者孩子看作自己唯一的依靠的女性，会对他们付出自己全部的爱。有的时候这份爱便成了一种束缚，甚至让对方感到窒息。女人不停地付出，却总是看不到回报，就会更加偏执地付出，结果仍然是适得其反。她们实际上忘了先爱自己。摆脱依赖，给自己一点爱，意识到这点的女人可以参考下面的方法：

第一，要从思想上认识到过分依赖的危害，努力培养自己遇事多动脑的习惯。凡是拿不准的事情，要通过自己头脑的反复思考后，拿出解决问题的初步方案与丈夫商量，久而久之，就会使自己积累些经验，为日后自己单独处理好问题奠定基础。

第二，要培养自己的自信心和独立意识。要明白过分依赖不是在加深或巩固丈夫对自己的爱情，而是在削弱自己在丈夫面前的吸引力，是在摧毁爱情。同时要加强自身修养，培养良好的生活习惯。

第三，要有勇气按照自己的愿望、意志行事，不要总是违心地讨好丈夫，而失去自我。遇事要自有主张，而不是看着丈夫的眼色行事。要知道，真正生活的实质在于独立，只有独立才会受到别人（包括丈夫）的尊敬。那些敢于独立思考和独立行事，并获得成功的人，才是最令人钦佩的。

女人要多给自己一点空间，倾听自己的心声，懂得自己真正需要什么，生命中不是只有爱情，还有很多值得我们去做的事情。给自己一点爱，多关注自己的需求，不要一味地顺从丈夫的意见。虽然婚姻让你们相守在一起，但是你们仍然是两个独立的个体，有各自的生命目标，不要因为对方失去了自己的本真。否则你就会成为对方的累赘，让他不胜其烦。因此，女人要爱自己，才会有更多人来爱你，要尽量把握婚姻的平衡，互相帮扶，共同抵抗漫长岁月对感情的侵蚀。

以男人的喜怒哀乐为自己情绪的晴雨表，这样的女人永远无法强大起来，也不会自立自强。女人只有取得精神的独立，才能练就一身过硬的本领和不屈的意志，即使遭遇再大的困难，女人也能自己闯过去。

婚后，还要像婚前一样美丽

夫妻虽然不同于恋人，但在自己的爱人面前保持美好的形象，让爱人赏心悦目、让自己保持魅力是对自己负责的表现。

很多女性单身时，把自己打扮得漂漂亮亮的。那个时候，她们喜欢逛街，喜欢买新衣服，喜欢收拾自己，为的是嫁个如意郎君。婚后，她们觉得大功告成了，自己恨嫁的心终于可以歇歇了，于是就不再像单身时那么爱打理自己了。有的女性是因为婚后管账了，反而舍不得为自己添置新衣了，更多女性不打扮或疏于打扮的原因是添了宝宝。有了孩子的女人身份转变成了妈妈，全副心思都用在照顾孩子上了，不自觉地就会忽视自己，更别提那些本身就不会化妆、不爱化妆的女人了。

小漩在男朋友小辉许诺爱她一辈子、永远不离不弃的疯狂追求下，与男朋友步入了婚姻的殿堂。小漩是个传统女人，少女时代，还很爱穿衣打扮，但是婚后，当老公把财政大权交到她手里后，她就舍不得花钱了。她觉得开门七件事柴米油盐酱醋茶，哪一样都需要钱，所以本来爱美的她就削减了自己的开销。平时也舍不得下馆子吃饭，婚后两年基本上都是和老公在家里吃的。老公也常说自己三生有幸，娶了如此贤妻。听了老公这样的话，小漩就越发贤惠起来，不仅包揽了全部家务，连逛街也减少了，也不注重打扮了。加上她们公司本来对员工穿着就没要求，这样，每次出门上班，她就只涂个保湿霜就行了。

有了孩子后，小漩基本上就不化妆了，怕含铅的化妆品会侵害宝宝的健康。上班就像行军打仗，素面朝天就出去了。她的生活就是上班、做家务、陪宝宝玩，没有时间关注自己的形象。回到家，和宝宝疯玩，头发常常乱成一团，她也没心思换新衣服，因为孩子经常会在她身上留下污渍。公司很多人都说小漩像换了个人，以前那个注重打扮的小漩不见了，而以前那个喜欢与小漩一块去菜市场买菜的老公也不见了。小辉埋怨小漩只顾照看孩子，菜也没有以前烧得好了，还对生完孩子后身材走样的小漩颇有微词。

当小漩沉浸在与儿子欢声笑语的快乐生活中时，她的老公却在外面包养起了美女小情人。小漩知道后如晴天霹雳，质问老公，老公甩出一句："你看你现在都成什么样子了，还像个女人吗？无论是在购物，还是在穿着打扮上都俗不可耐！我受够了，我们离婚吧！"

无疑，小漩这样的女人是贤惠的，这样的女人没有孩子前，心中只有老公，有了孩子后，心中就只有孩子和老公了。这种"三从四德"的贤惠女子虽然能帮男人把生活打理得井井有条，可是她们不知道，在男人的潜意识里，他们还是希望自己的女人能够风情万种。即便是女人做家务时，他也希望这一情景能令他赏心悦目。他希望女人偶尔会换上一件新衣服在他面前娇声娇气地撒娇，这要比你任劳任怨为男人长期操劳获得更多的宠爱。

女人可以贤惠，但不要太贤惠。即便有了拖累人的小孩儿，婚后也不要疏于打扮。因为美丽，男人会有好心情，其他人会有好心情，你也会有好心情。难道非要婚姻走到即将破裂的尽头才觉悟吗？《蜗居》中宋思明的太太说过："世上就是你我这样自以为孺子牛的女人多了，男人才疯狂。我把他收拾体面了，他出去风光。别的女人看见他又有风度又有温度，马上就有热度，哪想得到背后有个女人操劳过度。""做女人就是得对自己好点儿，吃好、喝好、玩好，万一一个不小心出了意外，别的女人就用咱省下的钱，住咱积攒的房，睡咱节省用的老公，打咱心疼的娃。你说咱克勤克俭地舍不得吃，积攒下来的粮食，舍不得穿，一心为家，有什么意思？总有些硕鼠来偷咱，与其别人花，不如我们自己花。"

最后，想对婚后的女人说：你们还记得热恋时的自己吗？那时候，你肯定打扮得漂漂亮亮地去跟他约会吧。可是婚后，你却来了一个一百八十度的大转弯，一点儿也不在乎自己的形象。夫妻虽然不同于恋人，但在自己的爱人面前保持美好的形象，让爱人赏心悦目、让自己保持魅力是对自己负责的表现。

在爱孩子和丈夫的同时，试着多给自己一些关爱，多注意自己的形象，也许很多情况就会不一样。

拥有自信，女人最美丽

古龙先生对女人的美很有研究，他认为女人要美丽先要有自信，他说："自信是女人最好的装饰品，一个没有信心，没有希望的女人，就算她长得不难看，也绝不会有那令人心动的吸引力。"古龙先生的这句话很生动地说明了自信对女人的重要性。

一位哲人有言："美丽的基础是健康，美丽的内涵是独特，美丽的源泉是自信，美丽的附加值是智慧。"一个自信的女性是胸有成竹的镇静，是虚怀若谷的坦荡，是游刃有余的从容，是处乱不惊的大气。自信的女人，身上焕发出蓬勃的生机，散发出向上的力量，饱满的激情。

自信的女人不一定有闭月羞花的容貌，但一定在众人中有鹤立鸡群的气质。她开心，她快乐，她尽情地享受生命的乐趣，又清醒地保持灵魂的明净。她深知阳光与黑夜的交替，身临困境心中依然有光明和希望，绝不气馁。她的心像一颗种子，历尽沧海桑田，洞彻世事烟云，依然会顽强地从沙土里开出鲜花。她的笑声和细语如冬日暖阳，即使在逆境中也能化解人们心中坚硬的冰。

自信的女人笑意总在脸上，而这浅浅的笑，足以使她变得美丽，足以让她光芒四射，因为自信，女人的举手投足间都带着一种孤傲与悠悠婉转的味道。自信的女人，犹如空谷一枝幽兰，即使没有张狂，但也会让人感觉到她身上散发出的缕缕清香。

自信的女人懂得爱自己，欣赏自己；因为自信，女人可以去爱别人，欣赏人生，达观看待人生的起起落落、悲欢离合！因为自信，女人的一生充满浪漫而坚毅的色彩！还有什么比这更漂亮！拥有自信的女人，男人别无他求。

一个自信的女人，她无论在生活中，还是事业上，都将拥有一种巨大的力量。因为有了自信，女人才能发挥出自身的优势和潜能。关于自信对人生的作用，这样的故事我们听过很多。很多女人也知道自信的巨大力量，却不懂得如何利用自信的力量去改变自己。

恋爱时，如果缺乏自信，总是患得患失，心事重重的样子，让她的脸上失去了恋爱中人应该有的光泽，少了爱情带来的快乐而变得不那么生动美丽。而自信时，即使她不是一个美丽的女孩，也会因为爱情的滋润让她整个人灵动俊秀起来，成为最美丽明朗的女子。

做新娘的时候如果缺乏自信，少了对将来的自信，即使这一天打扮得很漂亮，也总是缺少了一点动人心弦的光彩。而自信的新娘，因为坚信自己是最美丽的新娘，坚信自己拥有了最好的另一半，坚信自己找到了所要的幸福，坚信从此会和那个他营造一个温馨的、和谐的家，成为最美丽动人的新娘。

在成为母亲的时候，如果缺乏自信，就会顾虑重重，怕自己胜任不了母亲这个角色，那些焦虑让她失去了作为母亲的风采。而自信的女人在成为母亲时，认定自己将是个最称职的母亲，自信在她的哺育下宝宝会健康地成长，自信在自己的引导下会让宝宝成为一个有用的人，这么自信的母亲，她脸上焕发出的向往是最拨动人心弦的美丽。

在公司上班的王小姐长得清秀可爱，却自卑得厉害，她从不敢在别人面前表现自己，总是静静地沉默着、躲闪着，好看的丹凤眼也失去了光泽，毫无魅力之处。王小姐也知道自己有点儿过于自卑了，于是，她去看心理医生。心理医生的一番话让她深受触动，一个连自己都不能肯定自己的女人，如何让别人感受到你的魅力呢，又如何拥有幸福的人生呢，因为她不仅生活上不开心，工作上也不如意。

后来，王小姐参加了一次心理实验活动，通过这次活动，王小姐终于意识到了自信的重要性，她开始拾起自信，性格也开朗了，生活变得多姿多彩，周围的朋友也开始关注和喜欢她了。

自信能够让女人更正确地处理自己的生活，从穿着打扮到谈情说爱，她们都会掌握分寸、知道取舍，不受不相干的因素困扰，用最恰当的方式与家人相处。

自信可以改变一个女人，让她知道自己想要什么，能要什么，这样的女人或者外表并不美丽，但是她那种由内而外散发出来的气质，已经不知不觉地征服了大家，不管是男人还是女人，都会喜欢与之交往。

当一个自信的女人，你会发现你比以前更快乐，因为你不会把自己的全部心思都放在一个男人身上，你做自己想做的事，不断地提高自己；当你是一个成熟而自信的女人时，男人会更加的呵护你，因为如你这么迷人的女人，他一定会盯牢不给别人任何机会的。

在自信的女人眼里，人生不是等待，而是创造，命运从来都掌握在自己手中。因而，在实现自我的竞技场上，她们更懂得利用上苍赋予的天然资本进行自我推销和自我表现，赢得好男人的心，从而赢得成功人生。

最后，请记住一句话：美貌可使女人骄傲一时，自信可使女人骄傲一世。

女人，都学会当自信的女人吧，相信自己是唯一的，无人可以替代。当你拥有了自信，你就变得更妖媚动人，你的婚姻生活也会更美丽、更精彩。

好情绪，提升婚姻正能量

情绪是一种不易控制的东西，却能影响整个家庭的和谐与否。

情绪能改变原本压抑的氛围，差的情绪能在瞬间破坏美好的家庭氛围。好的情绪需要培养，坏的情绪则要有意识地去控制，只有在小家中撒播快乐心情，才能形成一种“快乐气场”，使辛苦疲累的丈夫一回到家中，就能不由自主地放松和愉悦，还能让小孩子在轻松的氛围里快乐成长。

在某家咨询中心，专家接待了一位17岁的女高中生，她的气色很差，情绪也很沮丧，看起来十分烦恼。她因与同学们相处不来，和老师无法沟通而来到这里咨询。与她交流了几次以后，咨询师表示想与她的妈妈聊聊，女孩同意了。

几天后，她的妈妈来到了咨询室，她的妈妈也不快乐，和女孩的状态相差无几，对咨询师说起了生活中很多不开心的事，比如工作中的烦恼，和同事相处不愉快，跟上级闹得很僵，以及女儿不懂事、与丈夫无法交流等。整整一个上午，咨询师就在她的充满烦恼的口水中度过。待她的情绪平静下来后，咨询师与她聊了很久，并谈到了家庭氛围的重要性，她的消极情绪会无意识地影响到每个家庭成员，并形成了负面的家庭氛围。既然是负面的，那么自己的女儿也会在无意中认可这种情绪，从而使自己的生活开始了诸多不顺。

咨询师与这位妈妈谈了很久，终于使她醒悟到了什么。经过考虑，她决定也接受一段时间的专业咨询，调整自己的状态。

几个月后，当那位女高中生再次走入这家咨询中心的时候，几位老师都发现她和之前不一样了，不仅面带着微笑，而且精神极佳，遇到谁都打一下招呼，和从前判若两人。她对咨询师说，妈妈最近的心情特别好，和爸爸的关系也好了起来，两人对她现在很关心了，她觉得很心安，和同学的相处也变得自然起来，上次单元测试的成绩不错，老师好像也对她和善了，种种顺心之事使她感到生活变得越来越好了。

家庭氛围能形成一种“气场”，这个“气场”若是快乐的，“场”中人便是快乐的，这个“气场”若掺杂着负面的阴暗情绪，“场”中人必能感觉得到，并会受到其中的影响。

一般而言，婚姻中的主导往往是女人，女人的情绪能影响整个家庭的氛围。一个糟糕的家庭氛围，会让家中的成员避之不及，而一个好的家庭氛围，则能让所有的成员都爱上回家。

莉莉从事保险方面的工作，平日的工作压力很大，回到家中后经常对丈夫埋怨，觉得他赚钱不多，不能买房，不能让自己做全职太太，也不能使他们现在要孩子，等等，内容五花八门。她每天都在埋怨，丈夫起初还耐心地听着，可越听到后面越烦，最后干脆晚归或坐在沙发上看电视，将电视音量调得大大的。莉莉对他的充耳不闻感到烦恼，从絮絮叨叨转变为了大吵大闹，丈夫不堪其扰，精神状态越来越糟，每天都苦着一张脸，工作效率也急剧下降。

端午节那天，莉莉的妈妈从家乡来到莉莉家，意识到了事情的严重性。她找了个机会，对莉莉说起了曾经的往事。在莉莉还很小的时候，她和莉莉爸爸的感情并不好，两人经常吵架，莉莉的爸爸经常晚归，她把莉莉送到自己妈妈家，然后每天沉溺于牌桌，整个家就像个空架子。就在两人准备离婚的时候，娘家传来了消息，莉莉得了肺炎，夫妻俩便心急火燎地赶着送莉莉去了医院，莉莉出院后，又因忙着照顾她而将离婚的事搁在了一边。这时奇迹发生了，因此时夫妻同心照顾女儿，家庭徒然又变得温暖起来，仿佛回到了新婚时的氛围一般。莉莉的妈妈第一次感到了情绪和状态对家庭的重要性，聪明的她立刻着手改变家庭氛围。她首先调整了自己的状态，让自己每天看到莉莉的爸爸时就先笑一下，然后再对他说话，两人的关系慢慢地好转起来。莉莉的妈妈还让自己每天看起来很开心，对女儿的病也充满乐观，深信她一定能好起来。

家庭的氛围开始变了，从以前的压抑转变为了放松和快乐，当莉莉完全康复后，她和莉莉的爸爸也和好如初了。

莉莉的妈妈说完后，莉莉也开始反省自己，问自己是否真的做错了？她想起了高中时一位老师曾说过的话，人与人之间有时就像一面镜子，你是怎么对待他，他也会怎么对待你。也许是自己的恶劣心情让对方也不堪重负吧！接下来的几天，莉莉的妈妈一直在引导莉莉应该怎样做，莉莉从妈妈的话中也获得了不少启示。

莉莉开始试着不把工作中的压力带到家庭中来。她调整了自己的情绪，回到家后，先打开音响，放一段古典音乐，然后在音乐声中做家务，让自己原本烦躁的心情平和了很多；她将家中的窗帘、桌布和床罩全都换成亮丽的颜色，让人看着心情顿佳；她还去花店买了玫瑰和百合，给小家增添了活力。

丈夫察觉到了她的变化，同时也很欣喜她的变化，两人的关系越来越好。莉莉意识到了控制自己的情绪是多么重要，让自己长期处在负面情绪里，对家庭的影响有百害而无一利。

一个好的家庭氛围，需要好的情绪的“气场”。珍惜家庭，需要家庭成员的好心情。

好的情绪是可以培养的。我们都不是圣人，谁都有不开心的时候，可是就要任其发展并影响到家庭吗？当然不能，要想出种种设计的点子来使自己开心一点。比如将家具重新摆放一下位置，更换一下家中一成不变的窗帘和沙发罩，或者培养一种爱好，让自己从中获得快乐，自然就会开心了。

学着培养好情绪，让自己开心一点，融洽的家的氛围慢慢地就形成了。

书香女人，用心留住男人

读书的女人不断地丰富自己的内心世界，不读书的女人只是不断地粉饰自己的外在；读书的女人为自己的命运掌舵，不读书的女人让男人为自己的命运扬帆。

千年之前的大唐盛世，14 岁的武媚娘因貌美被选入宫。起初天真无邪的她，受到了太宗的无限恩宠，一时间芳名传遍了大明宫。一个昨天还躺在父母怀里撒娇的孩子，虽然天资聪颖，但始终涉世未深，没有那么多心机，亦不懂得要做些收敛，像皇后贵妃那样端庄平和地不动声色，只是一时地欢呼雀跃，一团欢喜。

殊不知，这样的无知必将遭遇巨大的打击。不久之后。太宗冷落了她。后宫佳丽三千，一个小小的才人又怎么能留住太宗流连花丛的兴致？突遭冷遇的武媚娘哭也没用，抱怨也没用。在四壁高墙的大明宫里，难道自己也要同其他寂寞宫女一样枯寂老死，熬过这暗淡无光的人生岁月？她不甘心。

于是，在一个明媚的日子里，她打扮谦和地去拜见了新晋的红人——徐惠，徐才人。柔美的徐惠看着眼前十分谦卑的小姑娘，不忍心为难她，只是耐心地问她："武才人，你我同时入宫，论起来，你的容色尤在我之上，可知皇上为何对我眷顾?"

懵懂的武媚娘一脸茫然，更加谦卑。徐惠以一个女知识分子特有的冷静和清醒，看清了皇宫大院君王恩宠的虚幻无常。她叹道："以才事君者久，以色事君者短！"

短短的一句话，犹如黑暗中的闪电，照亮了武媚娘枯井一般绝望的心。当时的徐惠一定不会知道，自己不经意间的提点会造就一位倾国女皇。在那样一个如石榴一般热烈的青春岁月里，她耐住了寂寞，从此好学奋进。从大唐律历、诗书，到各地风土人情，她像海绵吸水一样拼命地学习。

慢慢地，她的身上开始起了悄然变化，成熟和智慧代替了原来的年幼无知，她再次获得了太宗的恩宠，也遇到了她一生的契机——李治。攀着他，在太宗死后，改变了在油灯下孤老终生的尼姑命运，成了中国历史上唯一的女皇帝。

而另一位女孩，虽是长公主之女，小时候便获得了表弟"金屋藏娇"的诺言，最终却成了长门宫里的怨妇。她就是汉武帝刘彻的第一个皇后陈阿娇。她也是单纯的，她单纯地认为刘彻是在她母亲的帮助下登上皇位的，永远都应该只爱她一个人，所以她见不得皇帝对其他女子好，她的刁蛮与无知使得她丝毫不懂得避让，总是与同样心高气傲的皇帝硬碰硬，最终被打入了冷宫。

武媚娘在感业寺做尼姑的时候，写诗给李治："看朱成碧思纷纷，憔悴支离为忆君。不信比来长下泪，开箱验取石榴裙。"牵绊住了他的心。而阿娇无才，纵然花重金请盛极一时的大才子司马相如作《长门赋》，也无法挽回丈夫的心。

爱是千年不遇的缘分，要拥有真爱，就要从中吸取智慧。

书本承载着几千年的千古智慧绝学，如果你能善加运用，便会避免不必要的弯路，趋吉避害，才不会四处碰壁。通过书本积累人生前进的经验，就可以“运筹帷幄之中，决胜千里之外”。尤其在如今这个压力不断加剧的时代，女人更要与时俱进，不断借助书本提升自己，这样才能知道该用什么方式留住男人那颗变幻莫测的心。

腹有读书气自华。让我们读书吧！让读书作为我们的休闲方式。塑造有内涵、气质卓尔不凡的书香女人，打造女性特有的温婉、知性、时尚的新形象，留住自己男人的心。

不仅要有家庭，还要有事业

聪明的女人应该明白，工作和事业才是自己最踏实的依靠和忠诚的朋友。你可能经历了一场痛彻心扉的失恋，或者一场友情的叛离。这些你一直以为一万年不变的东西却很可能瞬间就变得面目全非。你也许为了这些，付出了很多，但别人未必领情。而工作，只要你用心，它就会寸步不离地跟着你，而且最大限度地给你回报。

家在西安的欣蕊是设计专业的学生。毕业时，父母要求欣蕊回西安，并帮她联系了一份不错的工作。那时的欣蕊跟男朋友爱得死去活来，难分难舍。由于男朋友觉得内地比较封闭，觉得广州是个开放型城市，广告设计业也比较发达，执意要去广州。于是，欣蕊不顾父母的阻止毅然跟随男朋友来到了人生地不熟的广州。

到了广州后，日子最初过得十分紧张，欣蕊和男朋友依然如胶似漆。但是随着男朋友的工作越来越有起色，两人的距离越拉越远。最终感情走到了崩溃的边缘，不得已终于分手。欣蕊后悔当初没有听爸爸妈妈的话，终于吃亏了。为了逃离男朋友带给她的伤害，她来到了东莞，凭着自己的设计功底，很快就找到了一份工作。无心再谈论爱情的她把所有的精力都投入到了工作中，薪水也涨得飞快。不久后，就升到了部门经理的位置。

事业的成功让她淡忘了爱情的伤痛，欣蕊脸上的笑容越来越多，人也变得漂亮了不少。

女人有了工作就会有前进的动力，这世上并非除了爱情什么都没有，工作也是你该认真对待的东西，是你证明自己存在和证明自己有价值的东西。生命，是用来发现的，你还有很多事物没有去感受，努力在人生的旅途中前行吧。

作为一个女孩，需要有自己的时间和空间，依赖男人和家庭来达到自我需求的满足是很不安全的事情。父母不可能一辈子陪着你，恋人更是，如果你依赖的人去世了，或者和你分手了，你该怎么办呢?

所以女人必须具备一项才能。如果没有才能，就丧失了赚钱的本领，在经济上不能自立，就不用谈生活上和人格上的独立。即使你爱情甜美，一切顺利，拥有一份稳定的工作，也是“百利而无一害”的事情。

（1）工作是你安身立命之本

也许你没办法靠它来买房、买车，但它能保证你每个月都有一份固定的收入，这份收入可以由你来自由支配，让你具备独立生活的能力。不必买什么东西都要向别人伸手要钱，看别人的脸色。

（2）工作可以作为一种发泄郁闷的有效工具

生活中难免会有很多让人觉得难过的事情，空虚则会让悲伤加倍。如果你拥有工作的话，当你感到郁闷的时候，可以把所有的精力都用到工作上去，让它来填满你的生活空间。工作到筋疲力尽的时候，不满也就发泄尽了。这样不仅可以避免你一郁闷就砸东西破财的损失，而且还能让领导对你倍加赏识。

（3）工作可以作为你维护尊严的砝码

也许有的女孩比较好命，能碰上一个有钱有势的老公，从此庆幸自己不必再出去劳累奔波，可以在家享受少奶奶般的生活。但是金钱的失衡，必然会导致婚姻天平的倾斜。即使你能碰到会赚钱又愿意一辈子养着你的男人，天长日久，也难免会觉得自己卑微，然后因卑微顾虑重重，毕竟这个世界对于男人的诱惑太多。因此，女人可以沾男人的光，但是绝对要保障吃自己的饭。

（4）工作可以让你自信地欣赏顺眼的男人

女孩喜欢优秀的男人，是很正常的事情。但欣赏和得到的前提是，自己与对方的差距不能太大，优秀的男人也喜欢可以与自己优势互补的女人。

（5）如果一不小心当上女强人，就能扬眉吐气了

事业都是由工作发展而来的，从古至今，有那么多女人能够巾帼不让须眉，说不定你也能成为其中的一个。到时候，金钱对于你来说就是次要的东西了，而那种被承认和被重视的感觉，真是美不胜收。

（6）当男人事业不顺利的时候，做他的强有力的后盾

一个不会赚钱的女人，再碰到一个事业不顺利的男人，那生活的糟糕程度可想而知。然而，你怕也没用，谁都难免有不顺畅的时候。家庭没有一点儿收入，对于男人来说，压力是巨大的。如果你是个有工作的女人，男人就能静下心来分析失败的原因，找寻一个更高的起点，而不是为了生活去委曲求全。

（7）工作能让你显得神采奕奕

有工作的女孩一般都比较有底气，底气是女孩保持漂亮的重要因素之一。另外，在工作中的待人接物，能让你不断地学习到新的东西，眼界开阔了，气质自然也就提升上去了。

女人在打理好家庭的同时纷纷融入社会，寻找自己的位置，打拼自己的事业，做着家庭事业双丰收的美梦，创造鱼与熊掌兼得的神话。

培养兴趣爱好，给自己留有空间

兴趣爱好是一个人的精神食粮，支撑着女人的精神世界。有兴趣爱好的女人懂得生活的情趣所在，不会让日常家务搞得神经麻木、面目可憎，除了为人妻、为人母外，她还是一个有质量的女人。

生活里除了家庭和工作以外，你还有没有别的事情？你有兴趣爱好吗？如果没有，那真的太糟糕了。因为一个没有一点兴趣爱好的女人太简单了，就像一张没有颜色的纸，很难吸引住你周围的男人。

不论你承认与否，有兴趣爱好的女人总是让人另眼相看，受到欣赏和尊重。因为兴趣爱好可以使人得到身心放松，激发一个人积极的情感情绪，进而呈现出五光十色、色彩斑斓的迷人光芒。

有这样一位女士，她由于出生时大脑缺氧，导致轻微学习障碍。但是她从12岁的时候就开始对唱歌感兴趣，并在妈妈的鼓励下进入了唱诗班。几十年来，尽管生活过得很艰难，但她从来没有放弃过唱歌，一直坚持着这个兴趣爱好。

直到有一天，她在电视机前看到了一期《英国达人》的歌唱比赛。她的母亲鼓励她说：“你不是很喜欢唱歌吗？你应该属于那个舞台！”于是，她报名参加了这档电视节目，唱了一首叫《我曾有梦》的歌曲，并且一炮走红。

这位47岁的未婚女子，长得一点也不好看，身材胖胖的，但是几乎所有人都被她天籁般的歌声和投入的神情所感动。美国YouTube网站有关她精彩演出的片段，在短短的几天当中，点击率上升至3500万次，居然超过了奥巴马当选总统之后的就职演说。

相信你已经猜到了，事例中的这个女人就是来自苏格兰的乡村大妈苏珊。35年，从一个花季的姑娘，到一个无业的大妈，唱歌的爱好支撑着她走过一段段辛酸苦涩的岁月，她这块金子总算发光了，她赢得了几乎全世界人民的喜爱和尊重。

兴趣爱好是一个人的精神食粮，支撑着女人的精神世界。它犹如女人心灵的一块绿洲，在人生旅途干涸的时候，滋润慰藉着女人的心灵，它不但能陶冶你的情操，培养你的气质和修养，让你除了为人妻、为人母外，还是一个有质量的女人。

试想，一个女人没有什么别的兴趣爱好，每天只知道吃饭睡觉、干家务活、家长里短，很容易被日常家务搞得神经麻木、面目可憎，看似老实本分，实则在男人眼中是索然无味的，无趣至极。

也许，你会说“每天的工作和生活那么累，我连放松自己的时间都没有，哪有精力和时间培养兴趣爱好呀”。殊不知，兴趣爱好与工作和生活一点也不冲突，而且它还会给你的工作与生活带来想象力和创造力。

笑笑是某广告公司的文案策划，有一个体贴的老公、一个可爱的儿子，周围的人总是说："笑笑，你精力真旺，精神真好。""笑笑，你过得真幸福，真羡慕你。"说实话，笑笑也对自己的生活很满意，不过她知道自己的幸福在某种程度上是因为自己的兴趣爱好。

笑笑的兴趣比较广泛，只要是一切美的事物，她都喜欢。她有几项固定的兴趣爱好，比如：画画、看书、练瑜伽、听音乐、唱歌……生活几近枯燥乏味，笑笑就通过自己的这些兴趣爱好陶醉在自己的境界里，充实自己的生活，而这也是她快乐的动力。不过，生活对笑笑也不总是"微笑"的，无论是工作中还是家庭里，难免会发生不愉快的事情。感到太疲惫、太压抑或太困惑时，她依然会用自己的爱好来调整自己，比如，组织几个姐妹去 KTV 唱歌，在放声高歌中排解压力，在音乐中流放自己的感情。

兴趣爱好不但会带给笑笑心灵的宁静，还有可能令她从爱好中陶冶性情，修身养性，提高一下自己的生活品位，发现生活的新天地，她工作的灵感一次次地迸发，多次得到了老板的表扬，赢得了老公的万般宠爱。

这就是兴趣爱好的魅力，你值得拥有。

当你工作劳碌疲惫的时候，它陪伴着你，令你心灵放松；当你遇到挫折烦闷时，它让你暂时忘却一切的烦恼和不快；甚至于在你的人生之路面临绝壁的时候，它让你"山重水复疑无路，柳暗花明又一村"，让你重新走出一片天地来！

如果你现在还不知道自己的兴趣爱好所在，没有关系，好好回想一下，当你从事哪项活动时，曾经有过满足、快乐、开心，甚至是兴奋的感觉，那就是你的兴趣所在。想到了，就去做吧，别犹豫了。

当然，我们所提倡的兴趣爱好一定要是健康高雅的，比如，广阅群书、琴棋书画、练瑜伽、下国际象棋、鉴赏古物、品酒及游泳等都是可以的。欣赏过世界名作的眼睛，聆听过古典音乐的耳朵，吟诵过唐诗宋词的嘴巴，所表现出来的优雅和高贵，是任何化妆品也修饰不出来的！

女人婚后要依然能保持自我，切不可沦为家庭的牺牲品。除了家庭、老公、孩子，还要有自己的时间做自己喜欢、感兴趣的事。

品味生活，做一个艺术家

懂得品味生活的女人是生活的艺术家，她们对生活不苛求，但她们更懂得如何调色生活，品出平凡中的甘甜。

生活在女人手中是一杯茶，懂得品味的女人，才能得其精华，让生活的清香在体内萦绕不绝。

许倩，算得上是女中豪杰，年轻漂亮，又有自己的事业。她从英国留学回来后自己开了一家公司，平时真的是很忙，上班期间自不必说，下班后，各种应酬都推托不掉。但是她却有一个雷打不动的习惯，那就是每天必到公司附近的一个咖啡馆里坐上半个小时。来一杯咖啡，翻翻自己喜欢的时尚杂志，或者挑一个靠窗的座位，看看外面的车流人群，想想自己的心事。

她的很多朋友都奇怪她这个习惯，她却笑笑说："我不是一个工作的机器，生活里除了工作还有很多，我必须给自己一点儿时间让自己回到真实的生活里。在那里，没有工作，没有应酬，只有我自己，一个平凡的女人。如果没有这半个小时，我想，我将会错过生活中的许多美好。"

在生活中，什么样的女人身上散发着诱人的女人香？是那些懂得品味生活的人，她们有一双善于发现的眼睛和一颗感恩的心。即便在忙碌乏味的日子里，她们仍然能够发现定格在生活空间里的瞬间美好。

比如，公交车上亲密的情侣脸上洋溢出来的醉人的笑，道路旁年轻的母亲牵着牙牙学语的孩子在蹒跚学步，夕阳里年老的伴侣拉着手在散步。再比如，公司里那个和你有点儿小过节的同事，有一天不计前嫌地帮助了你；某天你的老公忽然送你一束玫瑰花，对你说："亲爱的，今天是我们认识五周年纪念日！"工作一天，累得腰酸背疼的你倒在沙发上，儿子懂事地跑过来说："妈妈，我给你捶捶背吧！"平常日子里，手机里偶尔收到好友一声轻轻的问候……这都是生活中的真实片段，很平淡，却很美好，美好得让人感动。

生活是要品的，就像有人喜欢品茶、品酒、品咖啡，当你细细品味的时候，你会发现生活中除了平淡和琐碎，还存在着那么多的美丽片段。

只有懂得品味生活的女人才能在生活中保持独有的魅力。生活就是一个百味瓶，甜酸苦辣样样有，同样的事，不同的人品出不同的味儿，就看我们用什么样的心态去承受，用什么样的心境去感受和体味，用什么样的角度去看待。

以一个乐观优美的姿态去对待生活，生活回报给你的必定也是美好。

懂得品味生活的女人是善解人意的，她懂得老公在外面为了生活而奔波忙碌，要忍辱负重，要坚强执著，身上背负着太多的责任。所以，她从来不抱怨他没有太多的时间陪自己，也从来不向他提一些无礼或不切实际的要求。

当他累的时候，她会端上一杯茶，和他谈谈工作以外的趣事，计划一下未来的生活。这样的女人是可爱的，她让一切都回归到了简单淳朴中去。

懂得品味生活的女人是独立的，她有自己独立的生活空间，有自己的朋友圈。

但是，她会在周末约上一两个知心好友去逛街，会在闲暇的时候去健身，也不忘及时去充充电。这样的女人身上有一种淡定和从容，她们的生活也许波澜不惊，但她们是美丽的，她们身上散发着一种迷人的气息，这就是女人味。

懂得品味生活的女人是自信的，自信是女人的一面镜子，能够照出女人身上的光彩。懂得品味生活的女人是坦然的，以平常心对待得失和成败，她们活得更加真实和自然。懂得品味生活的女人是智慧的，她们懂得善待自己，想方设法地让自己保持在最佳状态，享受生命的美。

生活是要品的，就像有人喜欢品茶、品酒、品咖啡，当你细细品味的时候，你就会发现那些因匆匆掠过而很难发现的美丽。